Probleme lösen mit Methode

die verständliche Anleitung zur systematischen Entwicklung von DV-Anwendungen

mit Praxis-Beispielen
auf IBM PC + dBase II

von
Jürgen Beetz
Marita Heitfeld

2., verbesserte Auflage

R. Oldenbourg Verlag München Wien 1985

CIP-Kurztitelaufnahme der Deutschen Bibliothek

Beetz, Jürgen:
Probleme lösen mit Methode – die verständliche Anleitung zur systematischen Entwicklung von DV-Anwendungen / von Jürgen Beetz u. Marita Heitfeld. – 2., verb. Aufl. – München ; Wien : Oldenbourg, 1985.
ISBN 3-486-28162-3

NE: Heitfeld, Marita:

Gesamtherstellung: Rieder, Schrobenhausen
Satz: Falkner GmbH, 8084 Inning/A.

ISBN 3-486-28162-3

Inhalt

Einleitung

Warum Sie dieses Buch lesen sollten, und für wen es geschrieben ist.

Was tun Sie eigentlich, wenn

- Sie sich überlegen, welches Auto Sie kaufen sollen?
- Sie in Ihrem Adreßbuch etwas suchen?
- Sie im Versandhauskatalog etwas auswählen?
- Sie im Büro oder Betrieb Rechnungen schreiben?
- Sie einen Brieftext aufsetzen und verbessern?
- Sie eine Akte über einen Vorgang anlegen?
- ...

Sie verarbeiten DATEN.
Sie betreiben ***DATENVERARBEITUNG***!
Dafür gibt's doch „Computer"! Was tun die denn?
Nichts anderes als Sie – nur, daß ein Computer mehr Daten in kürzerer Zeit bewältigt, die Routinearbeit macht.

Da steht er nun vor Ihnen.
Was können Sie damit ***Nützliches*** tun!
Erst mal ...

... gar nichts. Der Computer ist nicht aktiv und kreativ wie Sie – er arbeitet nur mit vorgegebenen, vom Menschen eingegebenen Daten und Programmen.

Ohne ***DATEN*** keine *Daten*verarbeitung.
Ohne ***PROGRAMM*** keine Daten*verarbeitung*.

Was ***das*** ist, können Sie hier erfahren.

Denn ...
... die Computer*sprache* (z.B. BASIC) können Sie überall lernen ...
... aber ***WIE*** Sie Ihre Datenverarbeitungsaufgabe so formulieren, daß der dumme Computer sie „versteht",
das lernen Sie erstmals ***HIER***!

Für wen ist dieses Buch?

Dieses Buch bringt allgemeines und trotzdem konkret anwendbares ***Grundlagenwissen*** für den, der Computer für die Bearbeitung seiner Datenverarbeitungsaufgaben einsetzen will:

- um ***Entscheidungen*** zu treffen: z.B. „welches Auto soll ich kaufen?“
- um ***Routinevorgänge*** zu automatisieren: z.B. das Schreiben von Rechnungen.

Sie können hier erfahren, wie Sie eine Datenverarbeitungsaufgabe von Anfang an ***richtig*** angehen.

Dabei ist es gleichgültig,

- ob Sie individuelle Datenverarbeitung am Heimcomputer, am Bürocomputer oder am Bildschirm eines Großcomputers betreiben,
- ob Sie im Rahmen der Entwicklung von Datenverarbeitungs-Anwendungen in Ihrem Unternehmen mitwirken,
- welches spezielle Computersystem Sie benutzen.

Denn Sie lernen hier ***nicht***, wie ein Computer intern funktioniert oder irgendeine spezielle Programmiersprache – dafür gibt es andere Bücher.

Apropos „Lernen“: Wenn es Ihnen mal schwer fällt und Sie Hilfe brauchen – „Wissi“, der Wißbegierige, begleitet Sie.

Lernziele

Was Sie in diesem Buch lernen können, und wie Sie Ihren Erfolg feststellen.

Dieses Buch vermittelt Ihnen Wissen über eine Methodik, mit der Sie Datenverarbeitungsaufgaben systematisch für den Einsatz von Computern vorbereiten können. Diese Vorgehensweise ist eine notwendige Voraussetzung für

- „ordentliche“, d.h. korrekte und widerspruchsfreie Datenbestände,
- „gute“, d.h. flexible und wartungsfreundliche Programme.

Sie erkennen daran, daß die vom Computer erzeugten Ergebnisse nur so gut sind, wie die vom Menschen erstellten Programme oder eingegebenen Daten. Intelligent und kreativ sind also nur Sie, nicht die Maschine „Computer“.

Nach dem Durcharbeiten dieses Buches

- kennen Sie die wichtigsten Begriffe der Datenverarbeitung,
- können Sie Datenbestände nach modernsten Methoden systematisch organisieren und aufbauen,
- können Sie korrekte und flexible Programme nach qualitativen Gesichtspunkten entwerfen,
- können Sie die Anwendung der Methoden auf einem Mikrocomputer nachvollziehen,*)
- können Sie weiterführende Literatur und Fachdiskussionen verstehen,
- haben Sie keine Scheu mehr vor dem „geheimnisvollen" Computer.

Übrigens:

Am Ende jedes Kapitels gibt es einen ***Quiz*** für Sie, in dem Sie Ihren ***Lernerfolg*** überprüfen können. Im Anhang des Buches befinden sich die richtigen Lösungen. Anhand einer Punkteskala können Sie sich für Ihre richtigen Antworten Punkte geben, so daß Sie gleich wissen, wie erfolgreich Sie waren.

Klar: wenn Sie schummeln und sich die Lösungen vorher anschauen, werden Sie als „Experte" erscheinen (aber das würden nicht mal Sie selbst glauben!), und im praktischen Umgang mit dem Computer werden Sie dann entlarvt, denn er bringt jede Ungereimtheit und jeden Fehler – wie die Sonne – an den Tag.

---

*) Den Teil „Realisierungsbeispiel auf dem IBM PC" haben wir in der 2. Auflage ab S. 171 hinzugefügt.

1. Abschnitt

Was sind Daten?

Daten sind Aussagen über Gegenstände in Form von Zahlen oder Text (z.B. Preis und Marke eines Autos). Diese Aussagen bleiben entweder konstant (z.B. die Marke) oder ändern sich von Zeit zu Zeit (z.B. der Preis).

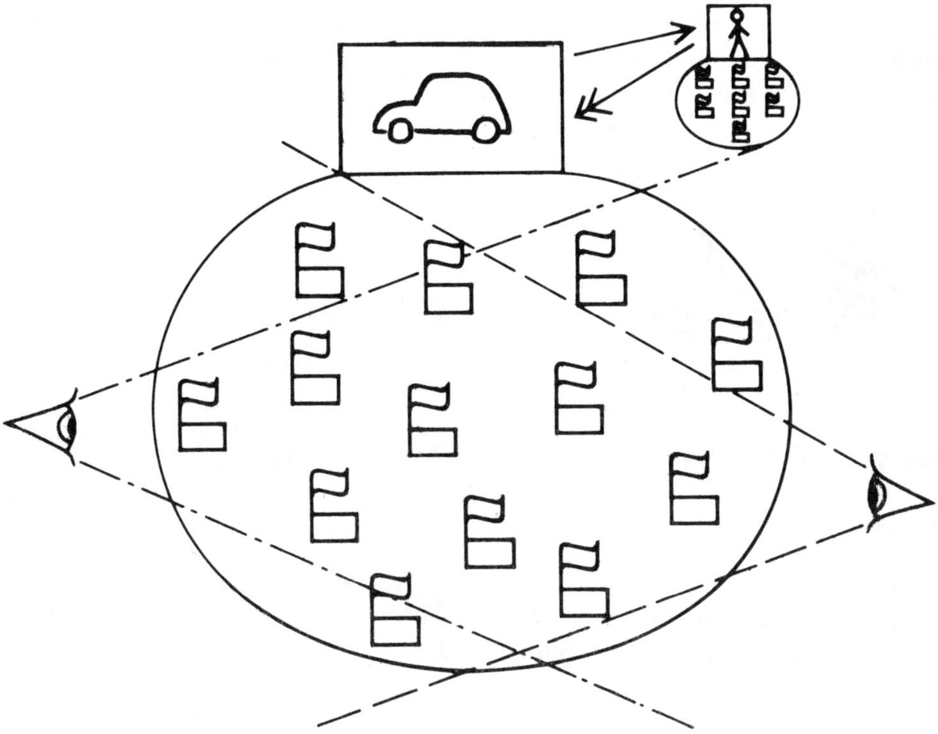

Dieses Bild drückt aus:

Daten als einzelne Aussagen über Gegenstände werden von verschiedenen Benutzern unterschiedlich gesehen. Verschiedene Gegenstände stehen zueinander in Beziehung.

Kapitel 1.1

Wie Sie Daten erfassen

> Hier sehen Sie, wie Sie Daten sammeln und so aufbereiten, daß sie maschinell verarbeitet werden können.

Wie oft haben Sie sich in Ihrem Leben schon vorgenommen, das nächste Mal überlegter zu kaufen, die Daten verschiedener Angebote systematisch zu vergleichen?

Dabei kann Ihnen ein Computer helfen. Ihre rasche und oft gefühlsmäßige Verarbeitung von Daten kann diese Maschine jedoch nicht in gleicher Weise vornehmen. Sie müssen die Daten in eine für den Computer geeignete Form bringen.

Schauen wir Wissi zu, der gerade anfängt, Daten über Gebrauchtwagen zu sammeln, weil er sich einen kaufen will. Er liest die Anzeigen in der Zeitung. Hier ist eine, die ihn interessiert:

> **Taunus** 1,6 l. Ez. 10/77, TÜV 4/84, 91.000 km, Sonnendach, VB 3.000,- DM, 11 72 82

Das ist der ***Gegenstand***, das sind die wichtigsten ***Daten***, die ihn kennzeichnen und beschreiben. Andere Daten des Gegenstandes, z.B. die Farbe, sind hier nicht erwähnt.

Also:

> Daten sind Aussagen über Gegenstände in Form von Zahlen oder Text – Aussagen, die für jemanden Informationen über diesen Gegenstand liefern können.

In unserem Fall bestehen die Daten aus Zahlen (z.B. 3000,– DM) und aus Text (z.B. „Sonnendach“).

In dieser Anzeige sind *mehrere* Daten enthalten, die den Gegenstand beschreiben. Ein *einzelnes* dieser Daten nennt man ***Datenelement****). Ein Datenelement liefert nur *eine* Information, *eine* Aussage über den Gegenstand.

Greifen wir eine Aussage aus der Anzeige heraus:

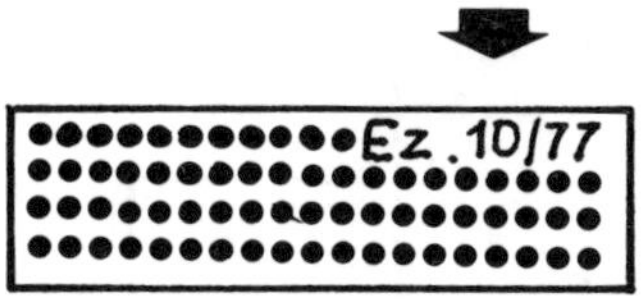

Dies ist *eine* Information, nämlich über die Erstzulassung (Ez.) – also *ein* Datenelement. Es besteht hier, wie man sieht, aus zwei Teilen:

- das, *worüber* ein Datenelement Information liefert (die „Erstzulassung“): der ***Name*** des Datenelementes
- die Information *selbst* („10/77“): der ***Inhalt*** des Datenelementes

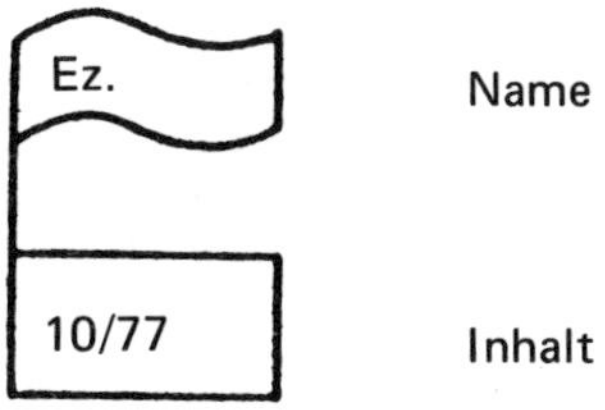

So ziehen wir alle Datenelemente aus der Anzeige:

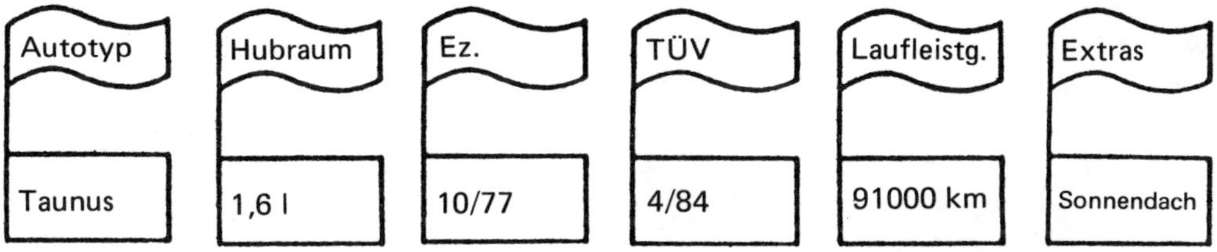

Dabei hat Wissi einige Namen für Datenelemente nach eigenem Gutdünken vergeben, denn sie standen gar nicht in der Anzeige – z.B. den Namen „Autotyp“ oder „Hubraum“. Nun hat er ein Problem:

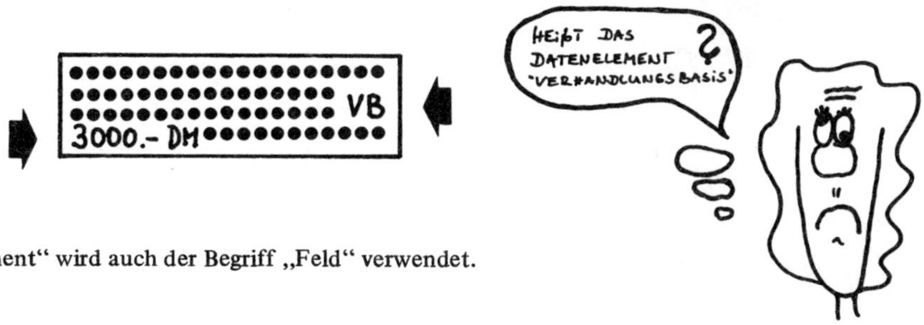

*) statt „Datenelement“ wird auch der Begriff „Feld“ verwendet.

In „VB“ (anders als bei „TÜV“) steckt doch eine *Aussage*! Nämlich: „Man kann verhandeln”. Also verstecken sich hier 2 Einzelinformationen und damit 2 Datenelemente:

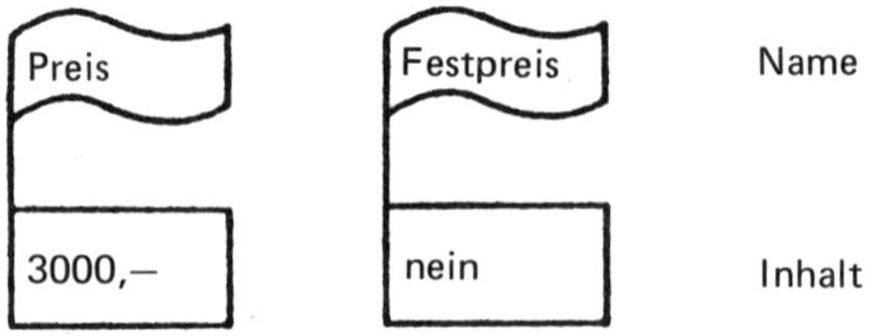

Hier wurde neben dem Namen des Datenelementes („Festpreis“) auch der Inhalt („nein“) von Wissi festgelegt – genausogut hätte er sagen können:

Wissi ist ein systematischer Mensch – er will ja noch mehr Anzeigen auswerten, Aussagen über andere Autos sammeln und vergleichbar machen. Er entwirft sich ein Formular (z.B. ein Karteikärtchen) in Form einer Tabelle mit den Namen der Datenelemente und mit freiem Raum für deren Inhalte:

NAME	INHALT
Autotyp	
Hubraum (l)	
Ez.	
TÜV	
Laufleistung (km)	
Extras	
Preis	
Festpreis	
Verkäufer (Tel.)	

Und nun trägt er die Daten ein:

NAME	INHALT
Autotyp	Taunus
Hubraum (l)	1,6
Ez.	10/77
TÜV	4/84
Laufleistung (km)	91 000
Extras	Sonnendach
Preis	3000,-
Festpreis	nein
Verkäufer (Tel.)	11 72 82

Dabei hat Wissi gleich die ***Maßeinheit***, z.B. „l" für den Hubraum oder „km" für die Laufleistung, von den Zahlenwerten (dem *Inhalt*) getrennt und dem *Namen* zugeschlagen.

Für den Namen hat er manchmal Abkürzungen verwendet, was sinnvoll ist – z.B. platzsparend. Dabei besteht aber die Gefahr, daß die ***Bedeutung*** des Datenelementes aus seinem Namen nicht mehr klar ersichtlich ist – besonders für andere Personen, die das lesen. Was *bedeutet* schon „Ez." für einen Dritten? Solche Unklarheiten dürfen nicht vorkommen. Wir brauchen eine genaue Festlegung, am besten einen Katalog oder ein Verzeichnis der Bedeutung jedes Datenelement-Namens – dort ist dann auch (bei Zahlen) die Maßeinheit gut aufgehoben:

DATENELEMENT-VERZEICHNIS

NAME	Maß-einh.*)	BEDEUTUNG
Hubraum	Liter	Hubraum des Motors
Ez.	T	Monat + Jahr der Erstzulassung
Laufleistung	km	Laufl. des Wagens (nicht der Maschine, nicht immer der Tachostand!)

*) "T" für Text

Ein solches Verzeichnis enthält entweder *jedes* Datenelement oder nur die, bei denen der Name allein nicht hinreichend genau aussagt, was er bedeutet.

Wissi findet ein zweites Auto, das ihn interessiert, und überträgt seine Daten (genauer: die *Inhalte* der Datenelemente) auf ein neues Formular:

Granada L 2,3, Baujahr 11/78, TÜV 11/84, Cassettenradio, Bestzustand, nur Autobahn gelaufen, 80.000 km, wegen Übernahme eines Firmenwagens abzugeben, Festpreis 5.900,- DM, 33 41 24

NAME	INHALT
Autotyp	Granada L
Hubraum (l)	2,3
Ez.	11/78
TÜV	11/84
Laufleistung (km)	80 000
Extras	Cassettenradio
Preis	5900,-
Festpreis	ja
Verkäufer (Tel.)	33 41 24

Haben *Sie* es gemerkt? Wissi hat es gemerkt! Das Datenelement „Ez.“ hat hier einen anderen ***Namen***, nämlich „Baujahr“. Das kann vorkommen – auf dem Formular aber herrscht Ordnung:

> Jedes Datenelement darf nur *einen* unverwechselbaren eindeutigen Namen haben.

Denn zwei Gegenstände der gleichen Art (hier: Auto) unterscheiden sich nur durch unterschiedliche Datenelement-*Inhalte*:

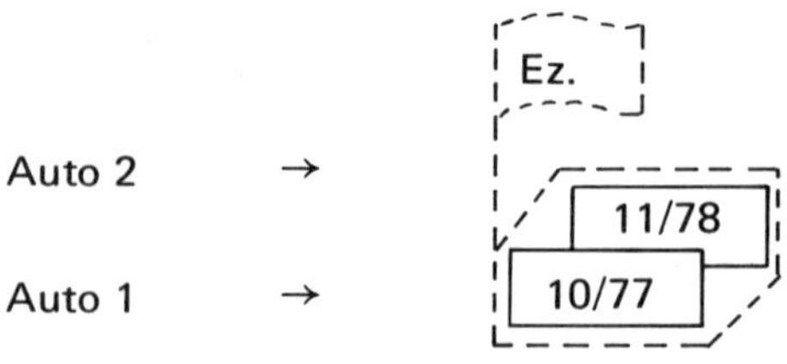

Jetzt muß auch entschieden werden, was mit der beim zweiten Objekt *neu* hinzugekommenen Information „Bestzustand/ nur Autobahn gelaufen/ wegen Übernahme eines Firmenwagens abzugeben“ geschehen soll. Soll sie mit in das Formular übernommen werden? Wenn ja: welchen *Namen*, welche *Bedeutung*, welchen *Inhalt* haben die Datenelemente?

Dieser Vorgang der ***Formalisierung von Daten*** wird in der Praxis immer notwendig, wenn Daten(elemente) verschiedener Gegenstände der gleichen Art miteinander verglichen werden sollen, z.B.

- die Laufleistung bei Gebrauchtwagen
- das TÜV-Datum von Gebrauchtwagen usw.

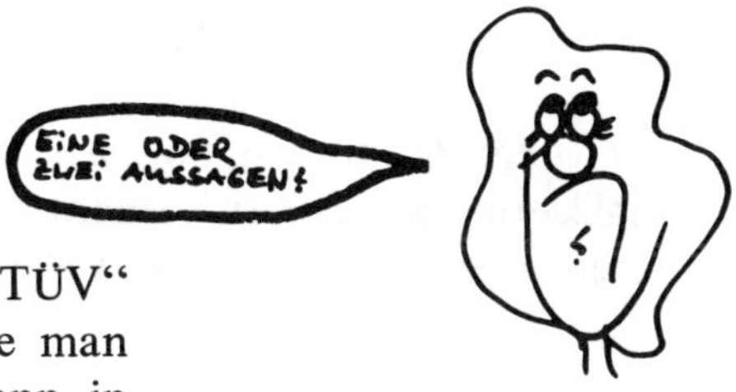

Beinhaltet ein Datenelement wie „Ez.“ oder „TÜV“ nicht in Wirklichkeit *zwei* Informationen, die man ggf. für sich alleine betrachten möchte? Denn in „10/77“ stecken doch eigentlich 2 Aussagen.

Daten***elemente*** sind Dinge, die *nicht* weiter zerlegt werden – *wenn* also kleinere Teile der (z.B.) „Erstzulassung“ bei der Datenverarbeitung interessieren, so sind automatisch *sie* die Datenelemente:

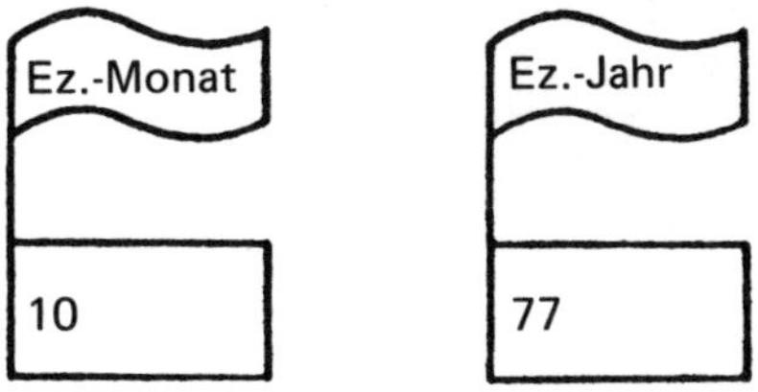

Dann läßt sich „Ez.-Monat“ getrennt betrachten (z.B. um „Winterautos“ zu erkennen). Nichts spricht dagegen, solche gleichartigen Datenelemente unter einem ***Gruppennamen*** anzusprechen:

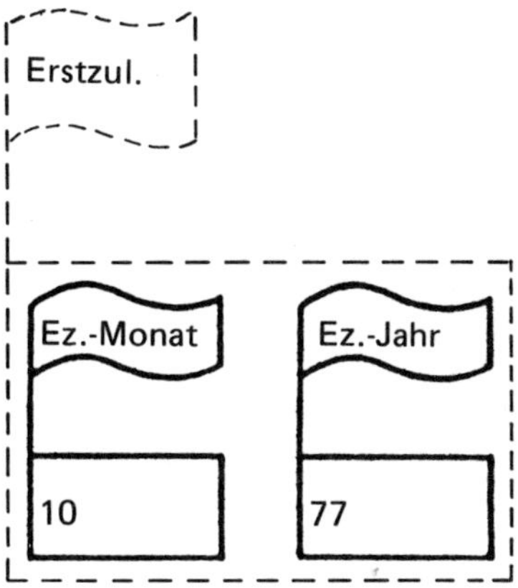

Aber das sind Feinheiten. In der Praxis trennt man zwei Tätigkeiten:

1. Die Überlegung, welche Daten man über eine Art von Gegenständen sammeln will
   – die ***Namen*** der Datenelemente
   – die *Bedeutung* der Datenelemente (incl. ihrer Maßeinheit)
   also das Anlegen eines Formulars;
2. Die Erfassung der Daten über einzelne Gegenstände
   – den ***Inhalt*** der Datenelemente.

Achtung! Bei diesem Vorgang der Formalisierung können Informationen verlorengehen oder verfälscht werden.

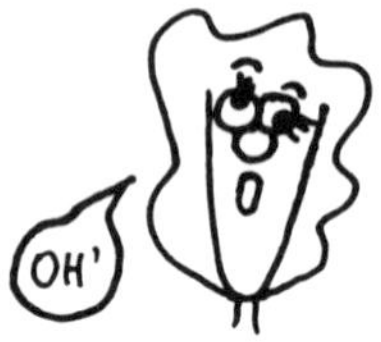

1. Wird ein Gegenstand unter Datenverarbeitungs-Gesichtspunkten immer durch „Datenelemente" beschrieben?

   ____

2. Kann und darf es für ein Datenelement mehr als einen Namen geben?

   – kann ______________

   – darf ______________

3. Warum ist die Bedeutung eines Datenelement-Namens wichtig?

   Weil ______________

4. Warum wird zwischen Datenelement-Namen und -Inhalt unterschieden?

   Weil ______________

5. Wie würde diese Auto-Anzeige im Formular eingetragen werden?

> **Taunus L** 1600, 1979, TÜV 7/84, 30 800 km, 5900,-. Mazda, Lichterfelde, Wismarer Str., 17 63 63

NAME	INHALT
Autotyp	
Hubraum (l)	
Ez.	
TÜV	
Laufleistung (km)	
Extras	
Preis	
Festpreis	
Verkäufer (Tel.)	

Daten sind Aussagen über Gegenstände in Form von Zahlen oder Text. Zum Zweck der Datenverarbeitung durch Computer müssen diese Aussagen in die Form von Daten*elementen* gebracht werden. Datenelemente sind Einzelaussagen, die nicht weiter unterteilt werden. Sie haben einen Namen und verschiedene Inhalte – z.B. wird aus der Aussage „Das Auto kostet 3000,–DM" das Datenelement

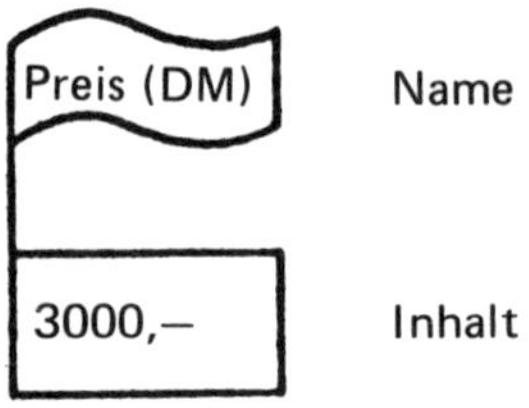

Sie haben in diesem Kapitel gesehen, wie sich Aussagen über Gegenstände des täglichen Lebens in Datenelementen abbilden.

Kapitel 1.2

Wie Sie Daten ordnen

Hier sehen Sie, wie Sie Daten über Sie interessierende Gegenstände ordnen und mit Hilfe eines besonderen Kennzeichens wieder auffinden können.

Wissi hat inzwischen viele Anzeigen ausgewertet und Daten daraus auf Karteikärtchen übertragen. Hören wir folgenden Dialog zwischen einem Freund und ihm:

„Zeig' mir mal die Daten von ***dem Taunus***, bitte!"
„Von welchem Taunus?"
„Von dem ***1,6er***."
„Hab' ich mehrere."
„Na, ich meine den, ***der 3000 Mark*** kostet!"
„Moment ... oh, da sind ja auch zwei! Welchen meinst Du denn nun??"

Offensichtlich besteht hier das Problem, ein *einzelnes* Auto unter den vielen, über die Daten gesammelt wurden, *eindeutig* zu identifizieren. Dies wird über die Kombination von Merkmalen (genauer: Datenelementen) um so schwieriger, je größer die Menge der einzelnen Gegenstände in der Sammlung ist. Wäre es nicht gut, *ein einziges* Datenelement herauszufinden, das genau *ein einzelnes* Auto identifiziert? Klar! Jeder kennt solche Datenelemente, die als ***„Ordnungsbegriff"*** oder ***„Schlüssel"*** beim Auto verwendet werden könnten: das „Kfz-Kennzeichen" oder die „Fahrgestell-Nr.". Ein Autohändler würde sicher eines dieser Datenelemente als Schlüssel verwenden.

Wissi jedoch kennt weder das eine noch das andere. Er entschließt sich daher, einfach eine fortlaufende Nummer als Ordnungsbegriff zu vergeben.

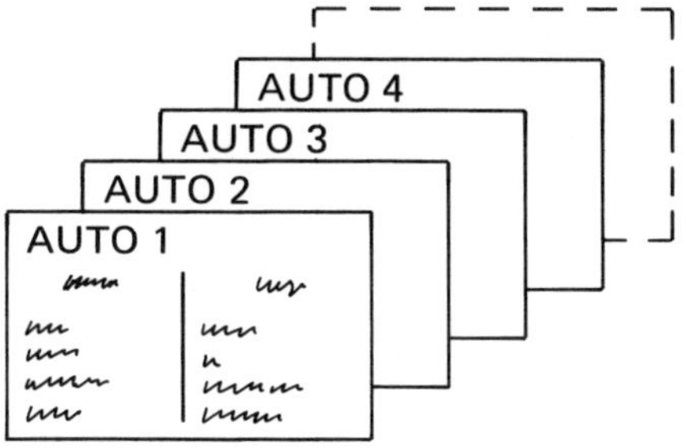

Merken wir uns also:

> Ein „Schlüssel" oder „Ordnungsbegriff" ist ein einziges Datenelement oder eine Kombination aus mehreren Datenelementen. Er dient dazu, einen *einzelnen* Gegenstand *eindeutig* zu identifizieren.

Ein Beispiel für einen Schlüssel, der auf den ersten Blick aus einem Datenelement besteht, ist die Autonummer zur Identifikation eines Autos.

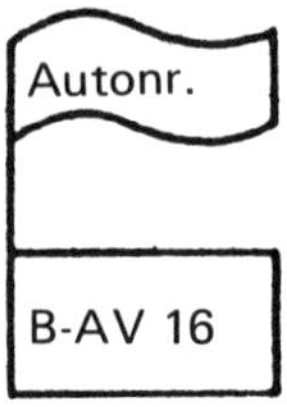

Hier haben wir das, was die Datenverarbeiter einen „sprechenden Schlüssel" nennen: ein *Teil* des Schlüssels enthält eine bestimmte *Aussage*, nämlich über den Ort. Nach unserer strengen Definition, daß ein Datenelement nur *eine* Aussage enthalten darf, können wir genauer werden:

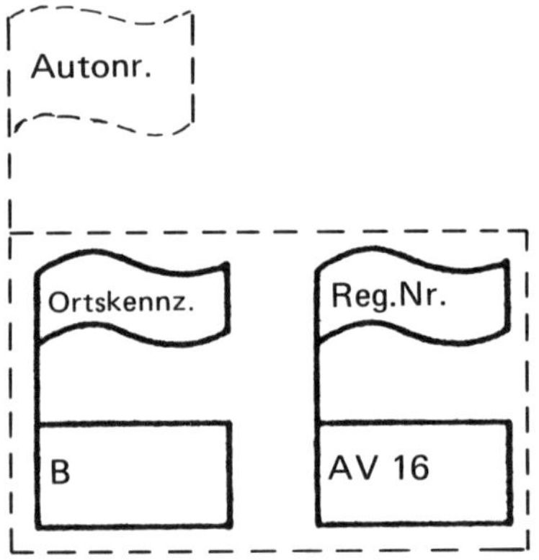

Die Datengruppe „Autonummer" ist also ein ***Kombinationsschlüssel***, bestehend aus den beiden Datenelementen „Ortskennzeichen" und „Registriernummer".

Wissi hat eine Menge an Daten über Autos gesammelt – nun will er sich einige Autos ansehen. Er sucht Hinweise über den Verkäufer. Als erste und einzige Information findet er die Telefonnummer. Aber da stimmt doch etwas nicht! Die Telefonnummer 176363 taucht in fünf Anzeigen auf. Was verbirgt sich dahinter? Ein Anruf klärt es: Ein Händler, der fünf Autos angeboten hat. Also sammelt Wissi nicht nur Daten über *eine* ***Art von Ge-***

genständen, nämlich Autos, sondern über eine zweite Art von Gegenständen (im weiteren Sinne), nämlich über den Verkäufer. Die Telefonnummer ist zunächst das einzige Datenelement über die Verkäufer. Nach einem Anruf kommen sicher weitere Datenelemente hinzu, die dem Verkäufer gehören, z.B. seine Adresse.

Wäre es der Ordnung halber nicht besser, diese Daten *getrennt* zu speichern? Besonders für die Verkäufer, die häufiger als einmal im Autobestand auftauchen (z.B. Händler) – in diesem Fall braucht man die Daten nur einmal zu speichern.

Welches wäre nun ein geeigneter ***Schlüssel*** für die Verkäufer? Ihre Telefonnummer wäre sicher geeignet. Oder auch ihre Namen? Was wäre, wenn es zwei Verkäufer gleichen Namens gäbe? Dann wäre der Schlüssel nicht eindeutig. Ließe sich ein Kombinationsschlüssel aus Name und Straße verwenden?

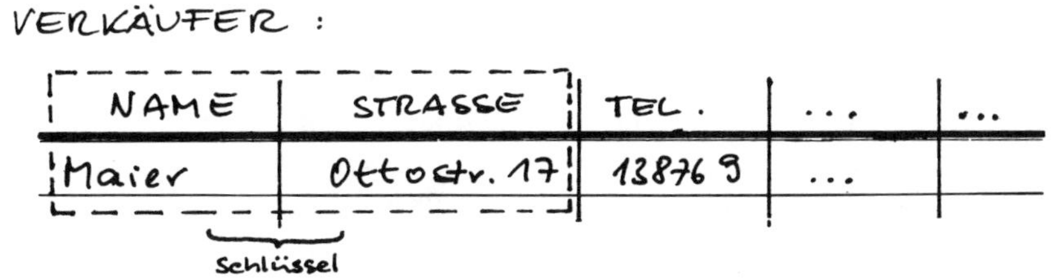

Die Kombination aus Name und Straße ist nur dann ein Schlüssel, wenn die gleiche Kombination nicht noch einmal auftauchen kann (z.B. ein anderer Händler „Maier“ in der Ottostr. 17 in einem anderen Stadtbezirk – dann müßte auch noch die Nummer des Bezirkes als 3. Element des Schlüssels hinzugenommen werden). Das ist keine gute Lösung: der Schlüssel ist zwar eindeutig, aber sehr lang.

Was in Wissis Fall vielleicht übertriebene Systematik wäre, ist bei großen Datenmengen (z.B. in Unternehmen) äußerst wichtig: nämlich die sorgfältige Unterscheidung und Trennung von Daten, die *verschiedenen* Arten von Gegenständen gehören. Schauen wir uns Unternehmen an. Über welche Arten oder Typen von Gegenständen (auch „***Objekte***“ genannt) werden dort Daten gespeichert und verarbeitet:

- Konkrete Dinge: Auto, Grundstück, Haus, Maschine, Produkt, ...
- Personen/Organisationen: Mitarbeiter, Kunde, Lieferant, Behörde, ...
- Abstrakte Dinge: Abteilung, Konto, Warengruppe, Police, ...
- Ereignisse/Vorgänge: Reise, Versicherungsfall, Auftrag, Prüfung, ...

Für jedes ***Objekt*** (für jeden einzelnen Gegenstand) muß ein ***Schlüssel*** vorhanden sein, der dieses Objekt ***eindeutig identifiziert***. Dies ist meist eine vom Unternehmen eigens dafür vergebene Nummer. So identifiziert die Autonummer jedes einzelne Objekt „Auto“ eindeutig, die Kontonummer jedes einzelne Konto, ... usw.

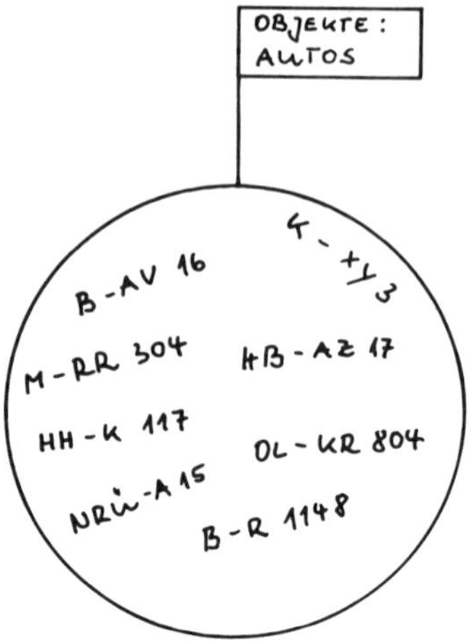

Objekte, die Ereignisse sind, werden meist durch Belege dokumentiert, z.B. eine Schadensmeldung, ein Zeugnis, eine Bestätigung, eine Quittung. Wichtig ist, daß nicht diese Belege die „Objekte“ sind, sondern die darauf dokumentierten ***Ereignisse*** – genauso ist nicht der Personalbogen „Objekt“, sondern der einzelne Mitarbeiter, dessen Daten auf dem Personalbogen stehen.

In Büchern über Daten und deren Verarbeitung finden sich oft exakte Definitionen im Hinblick auf den Begriff „Objekt“, die an dieser Stelle kurz erläutert werden sollen:

Es wird unterschieden

- der *einzelne* Gegenstand, das Individuum, das einzelne ***Objekt***[1]), dessen Daten gesammelt werden, z.B. das Auto B-AV 16;
- eine *Menge* von Gegenständen, die „***Objektmenge***“, z.B. die Autos B-AV 16, HB-AZ 17, B-R 1148, ... usw.;
- die *Art* oder der gemeinsame *Typ* von Gegenständen, der „***Objekttyp***“, also die allgemeine Bezeichnung für die Gegenstände, z.B. „Auto“.

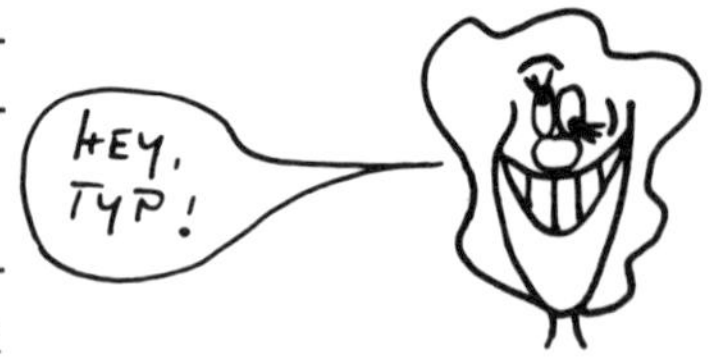

Im allgemeinen Sprachgebrauch, wenn es nicht wirklich auf eine genaue Unterscheidung ankommt, sagen wir einfach „Objekt“.

[1]) in englischen Büchern heißt das „entity“, was dann einige mit „Entität“ übersetzen.

Halten wir fest:

> „Objekttyp" ist die Sammelbezeichnung für gleichartige Gegenstände (Objekte = Exemplare des Objekttyps)
>
> – über die jemand Daten speichern will;
> – die gleiche Grundeigenschaften („Attribute") haben, die in Datenelementen abgebildet werden;
> – bei denen jedes einzelne Objekt durch einen eindeutigen Schlüssel identifiziert ist.

Um den ***Begriff „Objekttyp"*** zu illustrieren, haben wir einige Beispiele aus dem privaten Bereich und der Arbeitswelt zusammengestellt. Wir zeigen sie in tabellarischer Form: die Bezeichnung des Objekttyps, die Bezeichnung des Schlüssels (wobei es nicht immer nur *ein* Datenelement ist, das als Schlüssel verwendet wird – Kombinationsschlüssel sind ja erlaubt!) und ein konkretes Objekt als Beispiel.

Objekttyp	Schlüssel	Beispiel für Schlüssel
Werkstatt	Name[1])	Auto-Müller
Reise	Reisenummer	BGE 1116
Bank	Bankleitzahl	10020010
Konto	Kontonummer	9940783700
Kunde	Kundennummer	78531
Person	Personalausweis-Nr.	2813311
Versicherung	Versicherungs-Nr.	345.8756.1
Lehrgang	Lehrgangsnummer	19T43
Warengruppe	Warengruppenbezeichnung	Lebensmittel
Gehalt	Gehalt	1000,– DM
Artikel	Artikelnummer (EAN)	4 001683 390026
Mitglied	Mitgliedsnummer	P 18537 – 4
Zimmer	Gebäudenr., Zimmernr.	1000 – 01, Z 719

Haben Sie aufgepaßt?

[1]) dabei nehmen wir an, daß es nur *eine* Werkstatt dieses Namens gibt – ein Schlüssel muß ja immer eindeutig sein. Diese Eindeutigkeit gilt natürlich immer innerhalb der jeweils betrachteten Umgebung, also „Werkstatt-Name" muß eindeutig sein innerhalb eines Ortes, „Kontonummer" innerhalb einer Bank, usw.. Wenn jemand den Zahlungsverkehr zwischen verschiedenen Banken untersuchen will, muß er als Schlüssel des Objekttyps „Konto" die Kombination aus „BLZ" und „Konto-Nr." verwenden. So hat man übrigens mit Hilfe der „EAN" (Europäische Artikel-Nr.) alle Waren in Europa eindeutig identifiziert.

Da war doch etwas falsch!!!
Schauen Sie noch einmal nach!

Beim „Gehalt“ finden wir gleich zwei Fehler:

1. Der Name des Objekttyps ist identisch mit dem Namen des Schlüssels – das ist zumindest unsauber;
2. Falsch ist jedoch, daß es sich hier um ein *Datenelement* handelt und nicht um einen Objekttyp.

Bei der ***Prüfung***, ob es sich bei XYZ (z.B. „Gerät“) um einen ***Objekttyp*** handelt oder nicht, müssen Sie immer ***zwei Fragen*** stellen:

1. Welcher ***Schlüssel*** (im Namen vom Objekttyp verschieden) identifiziert jedes Objekt dieses Typs eindeutig?
Hinweis: Der Schlüssel kann ein „Kombinationsschlüssel“ (= mehrere Datenelemente) sein;

2. Welche ***Datenelemente*** „gehören“ jedem Objekt dieses Typs, beschreiben jedes Objekt?
Beispiel: Die Datenelemente „Name der Bank“, „Sitz der Bank“, „Gesamtkapital“, ... beschreiben jede durch eine Bankleitzahl (BLZ) identifizierte Bank.

Welche Daten über einen Objekttyp gesammelt werden und welches der Schlüssel ist, ist Entscheidung dessen, der die Daten verarbeiten will. Ein und derselbe reale Gegenstand kann also unterschiedlich erfaßt und abgebildet werden.

Wie unterschiedlich Daten interessieren, verdeutlicht Ihnen folgendes Beispiel:

Datenelement	Kfz.-Zulassungsstelle	Kfz.-Händler	Privatmann
Autotyp	x	x	x
Hubraum	x	x	x
PS/kW	x	x	x
Preis		x	x
Farbe		x	
Privatverkauf?			x
Laufleistung		x	x
Kennzeichen	⊗	⊗	
Fortlfd. Nr.			⊗
Fahrgestell-Nr.	⊗	x	
Halter-Adresse	x		

x = wird gesammelt
⊗ = Schlüssel

Halten wir also fest:

> Daten über Objekte werden aus der Sicht desjenigen gesammelt, geordnet, klassifiziert und verschlüsselt, der sie verarbeiten will. Es gibt also verschiedene Abbildungen der Realität.

Anmerkung: Jedes Objekt muß mindestens *einen* eindeutigen Schlüssel haben. *Mehrere* Schlüssel sind möglich, z.B. in der Kfz.-Zulassungsstelle wird jedes einzelne Auto sowohl über sein Kennzeichen als auch über seine Fahrgestellnummer identifiziert.

Um von Anfang an systematisch Ordnung zu schaffen, klärt man vor der eigentlichen Datenerfassung (vgl. Kapitel 1.1, S. 20) die Frage:

> Über welche verschiedenen Objekttypen (Arten von Gegenständen) will ich Daten sammeln?
>
> - Wie heißen die Objekttypen?
>   (z.B. Auto, Verkäufer, ...)
> - Durch welchen Schlüssel werden sie identifiziert?
>   (z.B. Kennzeichen, Telefonnummer, ...).

Und dann erst:

> Welche Daten will ich sammeln?
>
> - Namen der Datenelemente
> - Bedeutung (incl. Maßeinheit) der Datenelemente

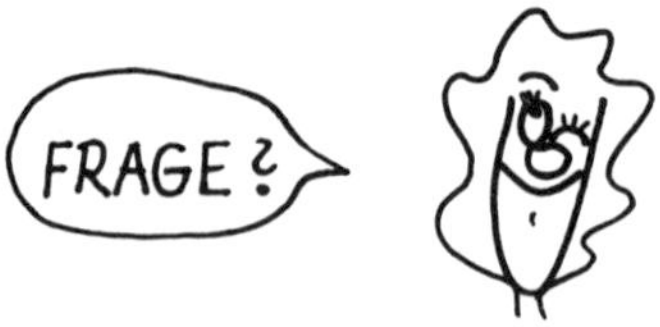

1. Was ist ein Schlüssel/oder wozu dient ein Schlüssel?

____

2. Kann es zwei Gegenstände (Objekte) mit gleichem Schlüssel geben?

____

3. Kann ein Gegenstand (ein Objekt) mehr als einen Schlüssel haben?

____

4. Muß ein „Objekttyp" immer eine Menge *realer* Gegenstände sein?

____

5. Ein Makler vermittelt Wohnungen. Mit welchen „Objekttypen" wird er es zu tun haben und welches sind deren Schlüssel?

Objekttyp	Schlüssel
________________	________________
________________	________________
________________	________________

Jeder Gegenstand (sog. „Objekt"), über den Daten gespeichert werden sollen, muß eindeutig und unverwechselbar identifiziert werden können. Dazu verwendet man einen „Schlüssel", ein Datenelement oder eine Kombination aus mehreren Datenelementen („Kombinationsschlüssel"). Jeder Gegenstand (jedes einzelne Objekt) hat also einen eigenen, eindeutigen und unverwechselbaren Schlüssel.

Darüber hinaus haben Sie in diesem Kapitel den Begriff „Objekttyp" kennengelernt. Das ist eine zusammenfassende Bezeichnung für Gegenstände gleicher Art, gleichen Typs. „Objekttypen" waren z.B.

Autos
Personen
Maschinen
Häuser,

aber auch abstrakte Dinge wie

Kontos
Aufträge
Reisen
Abteilungen.

Zu jedem Objekttyp gehören Datenelemente, die für verschiedene Exemplare dieses Objekttyps verschiedene Inhalte haben können.

Kapitel 1.3

Beziehungen zwischen Gegenständen und ihren Daten

Welche Daten gehören zu welchem Gegenstand, wie oft tauchen sie auf, wie ordnet man sie?

Gehört ein Auto einer Person oder mehreren? Jeder weiß, daß ein Auto nur *einen* Halter haben kann.
Kann ein Auto zu einer Zeit von *mehreren* Personen gesteuert werden? Nein, es kann nur von einer Person gesteuert werden.
Kann eine Person nur *ein* Auto besitzen? Nein, eine Person kann mehrere Autos besitzen.

Wir sehen hier ***Beziehungen*** zwischen den ***Objekttypen***[1]) „Auto" und „Person" verschiedener Art und *Häufigkeit* (eins zu eins, eins zu mehreren). Ein einzelnes Objekt (z.B. eine bestimmte Person) kann zu keinem, einem oder mehreren anderen Objekten Beziehungen haben. Sehen wir es uns in tabellarischer Form an:

Objekttyp	Art der Beziehung	Häufigkeit	Bezugsobjekttyp
1 Auto	gehört	genau 1	Person
1 Auto	wird gesteuert von	keiner oder 1	Person
1 Person	besitzt	kein, 1 oder mehrere	Auto(s)
1 Auto	wird verkauft von	genau 1	Verkäufer
1 Verkäufer	verkauft	kein, 1 oder mehrere	Auto(s)

Statt dieser tabellarischen Zusammenstellung von Beziehungen (und deren Häufigkeit) zwischen Objekttypen verwendet man auch eine zeichnerische:

- Ein ▭ für den Objekttyp
- ein ⟶ für die Beziehung der Häufigkeit 1
- ein ↠ für die Beziehung der Häufigkeit „beliebig"[2])
- ein —∋ für die Beziehung der Häufigkeit „0 oder 1"

[1]) Dieser Begriff ist auf S. 26 genau definiert
[2]) Achtung: „beliebig viele" bedeutet keins oder eins oder mehrere

Zum Beispiel:

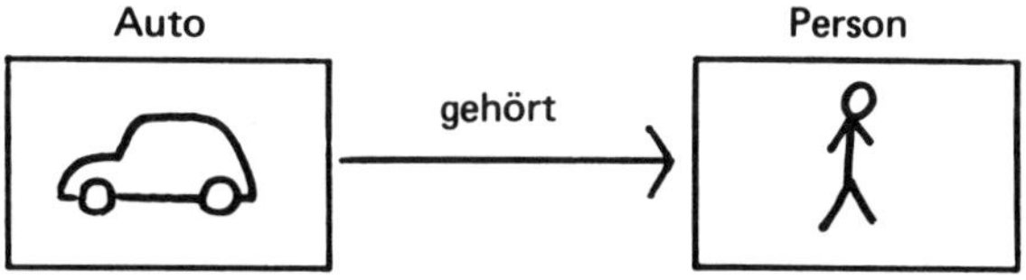

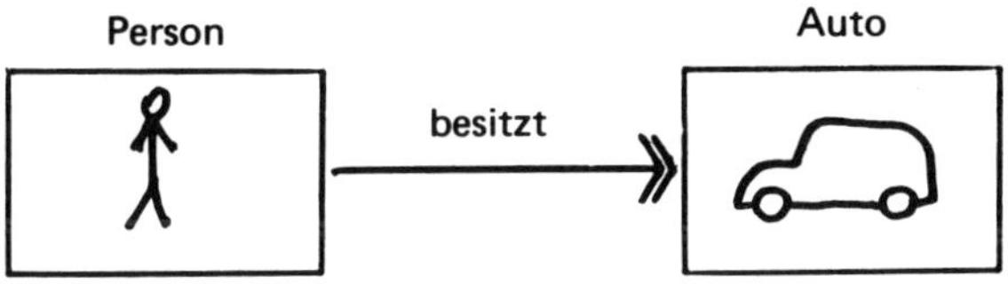

Man kann *beide* Beziehungen in *einer* Zeichnung vereinigen. Dazu muß man die Pfeilspitzen umdrehen:

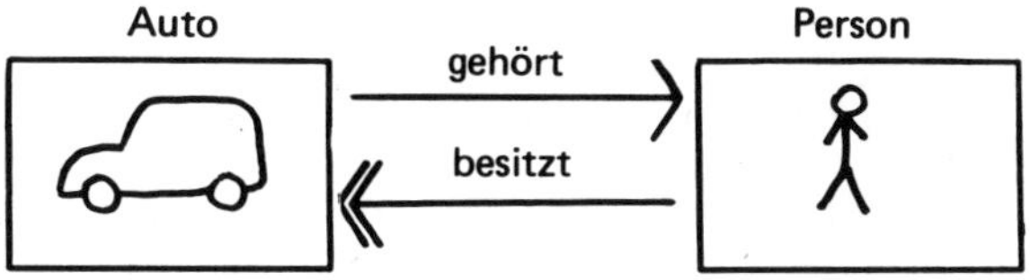

Regel für die richtige Interpretation:

Pfeilspitze *nach rechts*: von links *nach rechts* lesen;
Pfeilspitze *nach links:* von rechts *nach links* lesen.

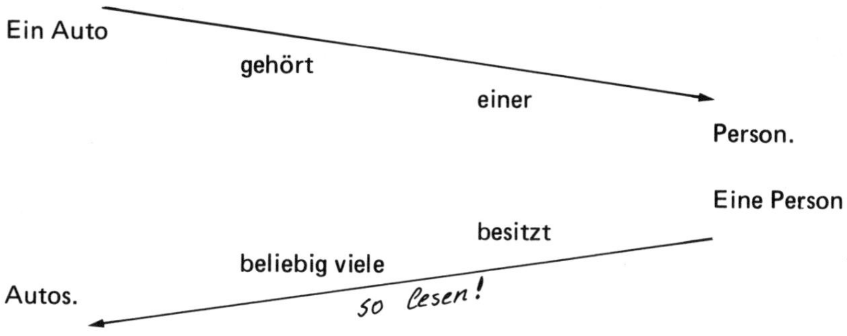

Wie lesen wir also folgendes Bild:

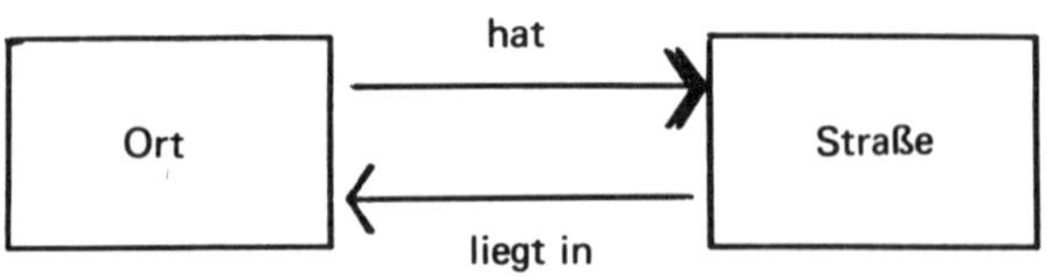

Richtig:

Ein Ort hat beliebig viele Straßen,
eine Straße liegt genau in einem Ort.

Oder:

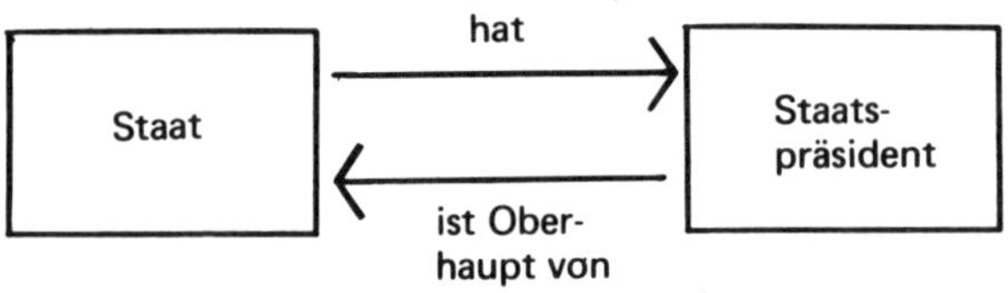

Ein Staat hat genau 1 Staatspräsidenten,
ein Staatspräsident ist Oberhaupt von genau einem Staat.

Bisher haben wir Beziehungen zwischen *verschiedenen* Objekttypen betrachtet, z.B. Auto – Person – Ort – Straße usw. Natürlich kann es auch ***Beziehungen zwischen Objekten desselben Objekttyps*** geben, zwischen Gruppen innerhalb eines Objekttyps.

Ein gern zitiertes Beispiel:

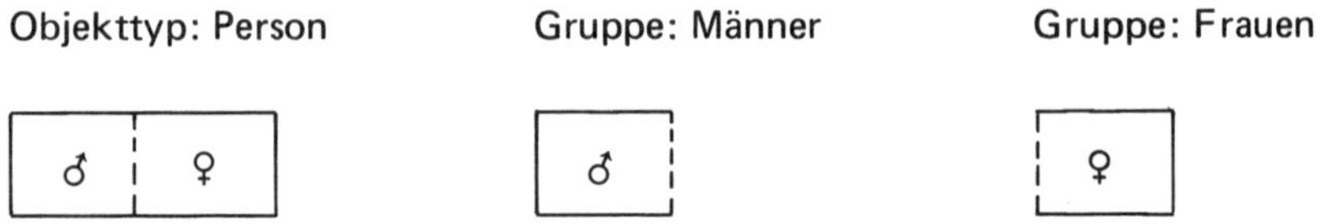

Welche Möglichkeiten gibt es bezüglich der Beziehung „Verheiratet mit"?

1. Einehe

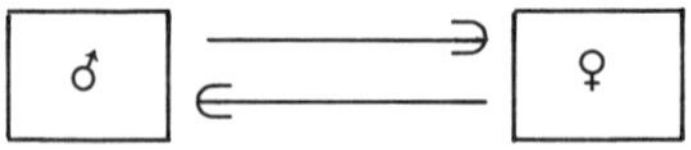

Jeder Mann ist mit keiner oder genau einer Frau verheiratet – und umgekehrt;

2. Polygamie

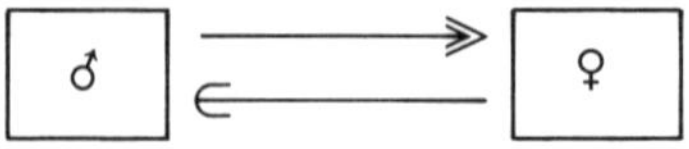

Jeder Mann kann beliebig viele Frauen (evtl. auch gar keine oder genau 1) haben, aber jede Frau kann nur mit einem Mann (oder keinem) verheiratet sein;

3. Polyandrie

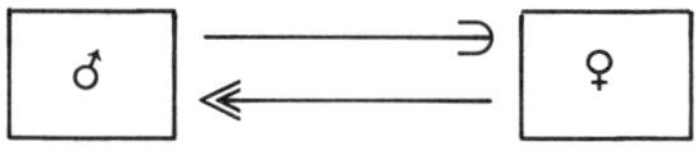

Jede Frau kann beliebig viele Männer (evtl. auch gar keinen oder genau 1) haben, aber jeder Mann kann nur mit einer Frau (oder keiner) verheiratet sein;

4. Chaos

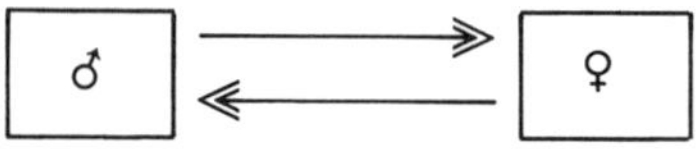

Ohne Kommentar!

Zur ***Verdeutlichung*** werden noch einmal die einzelnen Individuen, die einzelnen Objekte betrachtet:

1. Einehe

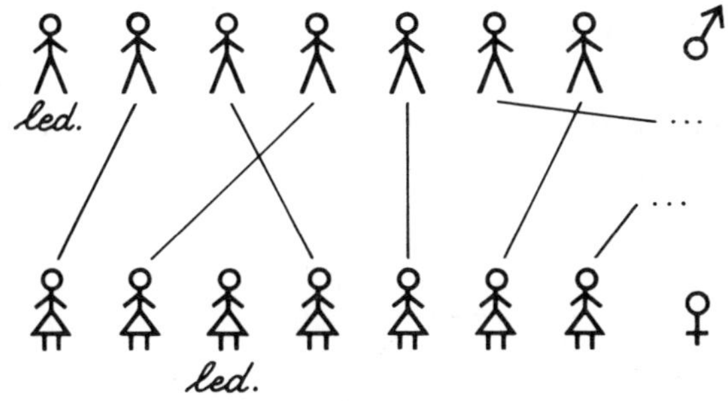

2. Polygamie

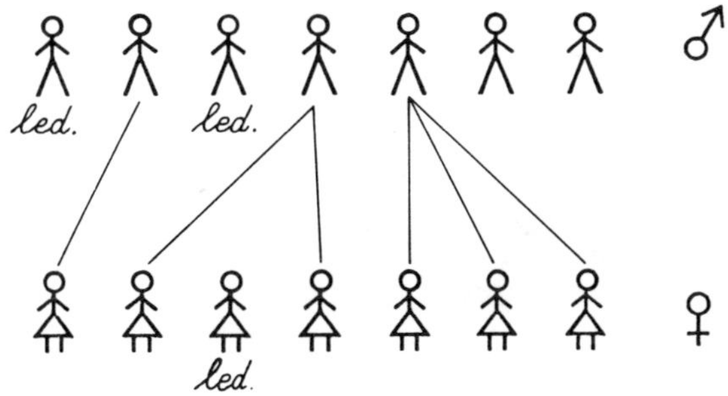

3. Polyandrie

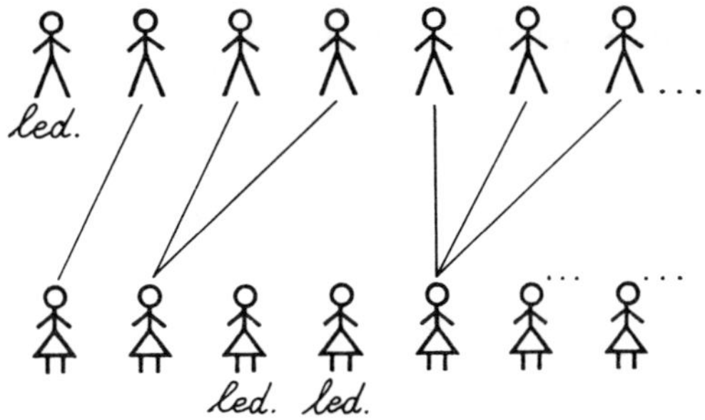

4. Chaos

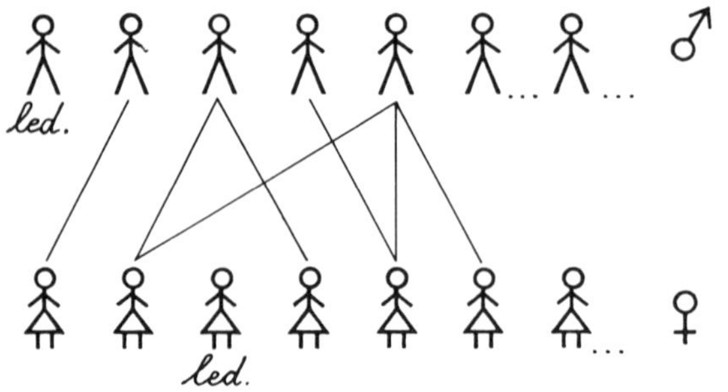

Übrigens: Falls Ihnen die zeichnerische Darstellung der Beziehungen und Häufigkeiten durch die Pfeile mit verschiedenen Arten von Spitzen zu unanschaulich ist, zeigen wir Ihnen hier eine Alternative. Hierbei wird die *Häufigkeit* (auf die es ja besonders ankommt!) vielleicht deutlicher sichtbar – doch entscheiden Sie selbst, welche Darstellung besser geeignet ist:

1. „genau 1“

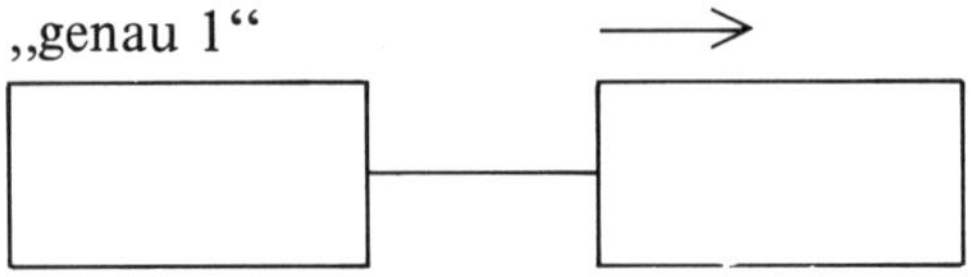

2. „0 oder 1“

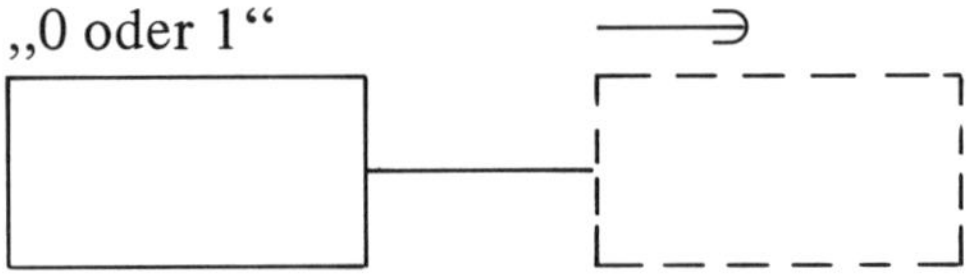

3. „beliebig viele“

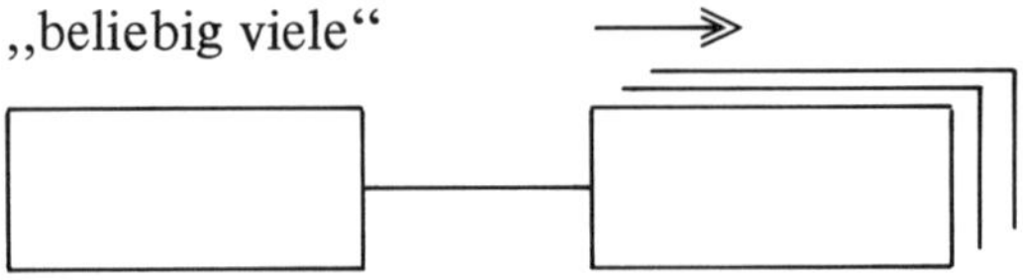

Natürlich gilt auch die Umkehrung, gezeigt an „Auto“ – „Halter“:

Das ist also die richtige Vorgehensweise für die Sammlung, Ordnung und Speicherung von Daten:

- Welche verschiedenen ***Objekttypen*** sind im Spiel und ...

  z.B.

... durch welche ***Schlüssel*** sind sie identifiziert?

z.B.

- Welche ***Beziehungen und Häufigkeiten*** bestehen zwischen den Objekt(typ)en? (hin und zurück!)?

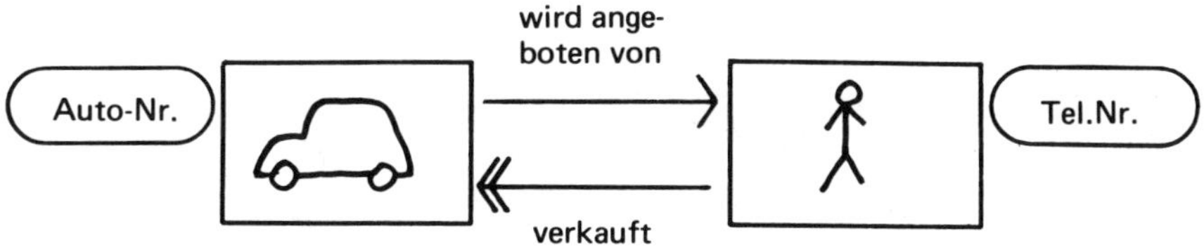

Ein Auto wird von genau 1 Verkäufer angeboten, ein Verkäufer kann mehrere Autos verkaufen.

- Welche ***Daten*** will ich je Objekttyp sammeln?

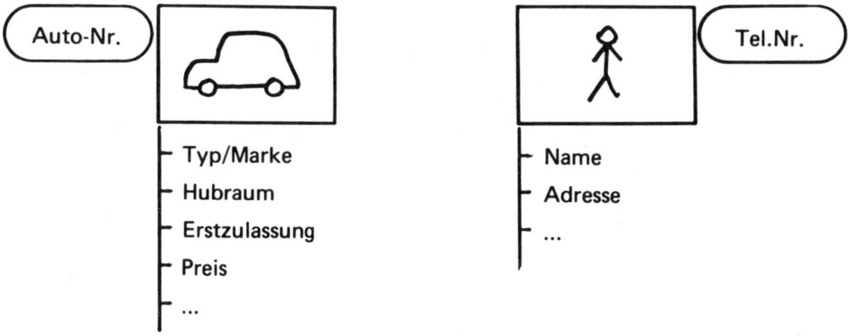

Wir haben gesehen, daß Objekte untereinander in Beziehung stehen. Eine wesentliche Aussage dabei ist die Angabe der Häufigkeit: „genau 1“, „beliebig viele“, „0 oder 1“. Es gibt allerdings nicht nur eine Beziehung zwischen den Objekten, sondern auch zwischem dem ***Objekt*** und seinen ***Datenelementen***.

Am Anfang des Kapitels haben wir Fragen bezüglich der Beziehung zwischen 2 Objekten gestellt. Stellen wir doch einmal ähnliche Fragen über die Beziehung eines Objektes zu seinen Datenelementen:

Hat ein Auto kein, ein oder mehrere Datenelement(e) namens „Hubraum“? Jedes Auto hat genau *einen* Hubraum.

Hat ein Auto kein, ein oder beliebig viele Extras? Ein Auto hat beliebig viele Extras, eventuell sogar gar keines.

Wieviele Datenelemente „Automatik“ hat ein Auto? Entweder gar keines oder eins, aber nicht mehrere.

Für die Speicherung von Daten (z.B. auf Karteikärtchen) sind Datenelemente der letzten Art relativ unproblematisch: das Datenelement ist durch ein Feld im Formular gekennzeichnet, in dem entweder etwas steht oder auch nichts steht (oder „ja“ oder „nein“). Problematisch wird es erst bei den ***„beliebig viele“ – Feldern***: Um *alle* möglichen Vorkommen speichern zu können, muß genügend Platz vorgesehen werden.[1])

Ein Beispiel:

Extras	Sonnendach, Radio, Sportfelgen

Keine gute Lösung!

Man könnte das Feld ja „sehr groß“ machen – so groß, daß wirklich alle denkbaren Extras eingetragen werden können. Wetten:
Irgendwann entdeckt Wissi ein Auto, das *so* viele Extras hat, das diese *nicht* in das dafür vorgesehene Feld passen. Und außerdem: Welche Platzverschwendung wäre ein so großes Feld für die vielen Autos, die keine oder nur ganz wenige Extras haben!

Wie dieses „Mehrlingsproblem“ sehr viel besser gelöst werden kann, das sehen Sie im nächsten Kapitel! Sie dürfen schon darauf gespannt sein!

Zur besonderen Beachtung:

Es ist wichtig, diese Fälle schon gleich bei der Erfassung der zu einem Objekttypen gehörigen Datenelemente zu markieren.

---

[1]) Auf den im Kapitel 1.1 gezeigten Karteikärtchen war dieser Fall noch nicht vorgesehen.

Ebenso soll auf den folgenden Fall besonders hingewiesen werden:

Ein Datenelement, das für einen Objekttyp gesammelt wird (z.B. das Datenelement ,,Verkäufer (Tel.)" beim Objekttyp „Auto") kann ***Schlüssel eines anderen Objekttyps*** sein. Diese ***„Fremdschlüssel"***, wie sie genannt werden, wollen wir ebenfalls markieren.

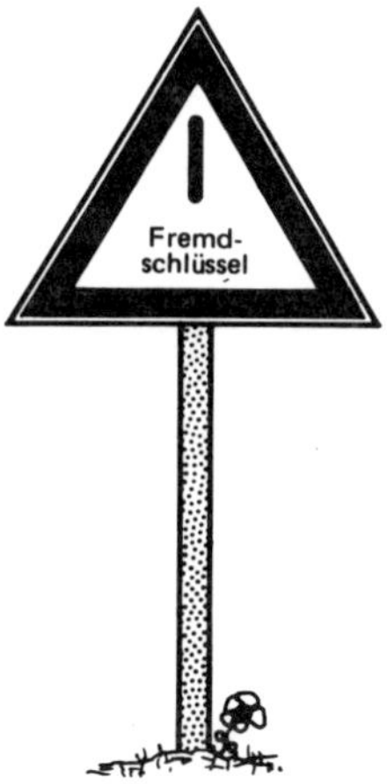

Vielleicht entwerfen Sie sich für den 4. Schritt ein Formular der folgenden Art:

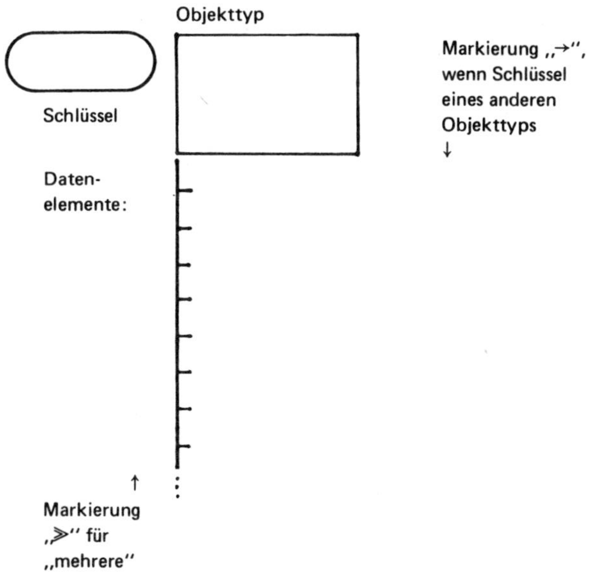

Dann haben Sie gleich einen sauber gegliederten ,,Katalog" Ihrer Objekttypen mit ihren Datenelementen.

Wie sehen diese Formulare für unser Beispiel „Auto“ und „Verkäufer“ aus?

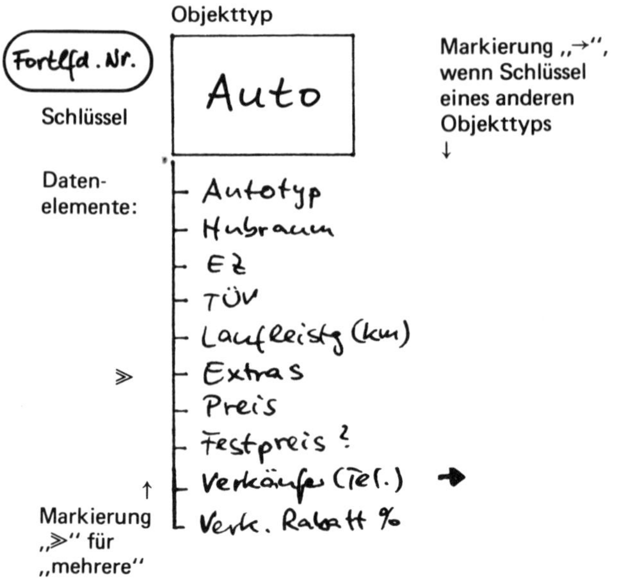

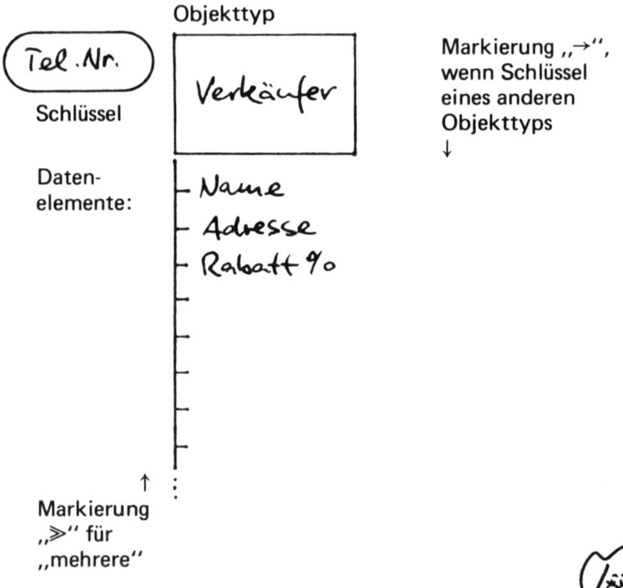

Mit diesem „Formular“ haben wir die Datenelemente den Objekttypen zugeordnet, die Schlüssel hervorgehoben, die Fremdschlüssel markiert und die Häufigkeit „beliebig viele“ besonders betont. Jetzt herrscht Ordnung!

1. Was bedeutet der Pfeil

genau?

2. Was bedeutet folgendes Bild?

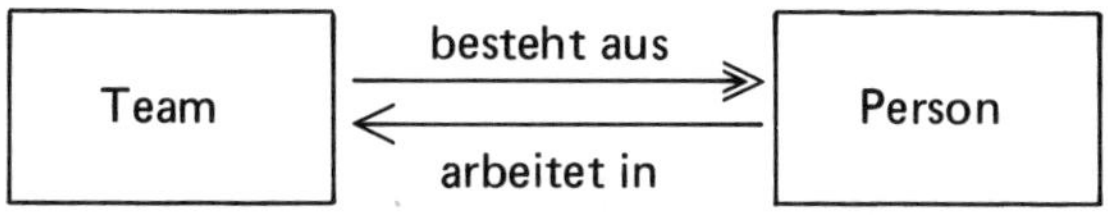

3. Wie zeichnen Sie folgende Aussage:

   Eine Person besitzt keine, eine oder mehrere Wohnung(en); eine Wohnung gehört immer nur genau einer Person.

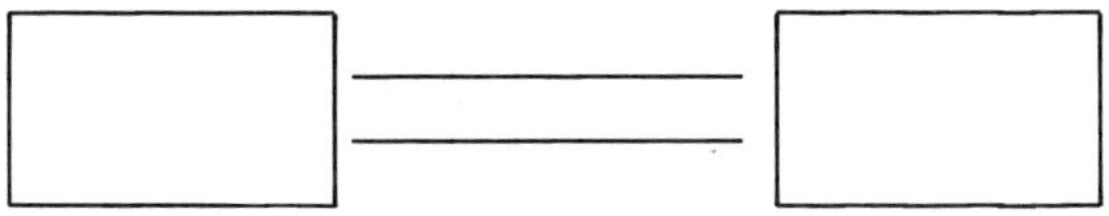

4. Welche der folgenden Bezeichnungen ist ein Objekt, welche ein Objekttyp?

   „Grundstück" ist ein ______

   „Herr Müller' ist ein ______

   „Eiffelturm" ist ein ______

   „Brücke" ist ein ______

5. Welche Beziehung besteht zwischen dem Objekttyp „Auto" und dem Datenelement „Name des Vorbesitzers"?

Nach der Feststellung, über welche Art von Gegenständen („Objekttypen") Daten gesammelt und verarbeitet werden sollen, schließt sich die Untersuchung der Beziehungen zwischen Objekttypen an:

1. Welcher Art sind die Beziehungen?
2. In welcher Häufigkeit treten sie auf?

Das führt zu Feststellungen wie: „Eine Person kann kein, ein oder mehrere Autos besitzen; jedes Auto muß genau einen Besitzer haben."

Sie haben in diesem Kapitel gesehen, wie wichtig die Erfassung der Beziehungen zwischen Objekttypen untereinander und zwischen Objekttypen und deren Datenelementen ist (z.B. „Ein Auto hat genau 1 Verkaufspreis"). Diese Beziehungen und deren Häufigkeit sind für die weitere Untersuchung zu erfassen und zu dokumentieren.

Kapitel 1.4

Wie Sie einen Datenbestand zusammenstellen

> Jetzt können Sie gezielt und methodisch die Sie interessierenden Daten in einem Datenbestand ordnen und zusammenstellen.

Jetzt wird es ernst: Wir wollen die Daten von der Karteikarte im Computer speichern. Dabei müssen wir bedenken, daß „Datenverarbeitung“ (z.B. Auswahl aller Autos, über deren Preis man noch verhandeln kann) durch einen denkenden Menschen anders abläuft als in einer Maschine. Im ersten Ansatz haben wir es schon gesehen: Die Angabe „VB“ (Verhandlungsbasis) in der Anzeige wurde von uns schon in einem Datenelement „Festpreis“ (ja oder nein) abgebildet.

So müssen alle Daten, die die Eigenschaften von Gegenständen (präzise: die Attribute von Objekten) beschreiben, ***Datenelemente*** der folgenden Art sein:

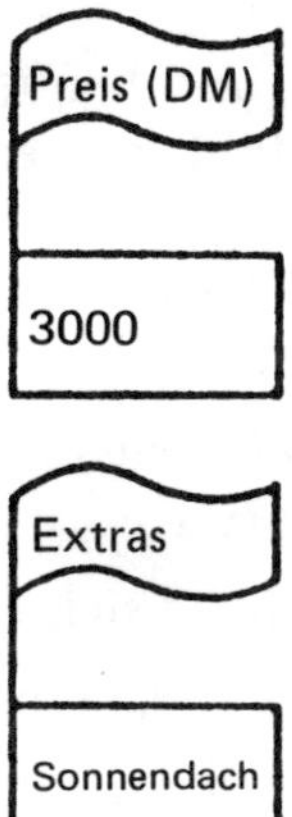

- ***Zahlenwerte***
  z.B. Preis (DM) = 3000
- ***Text***
  z.B. Extras = Sonnendach
  Dabei ist zu beachten, daß die Maschine namens Computer *verschiedene* Schreibweisen, die der Mensch als identischen Inhalt erkennt, *nicht* ohne weiteres als solchen erkennen kann. Beispiel: Sonnendach, Sonn.dach, Sonnend., SONNENDACH wären für die Maschine *unterschiedliche* Inhalte des Datenelements „Extras“.

Die Aussagen über die Eigenschaften von Gegenständen werden bei der Erfassung für die maschinelle Speicherung schematisiert, vereinheitlicht, normiert, standardisiert.

Die Aufgabe des Menschen ist es, dafür zu sorgen, daß hierbei kein ***Informationsverlust*** entsteht. Wie bildet man z.B. die Aussage „wie neu“ ab? Diese Frage hatte man ja schon bei dem Entwurf der Karteikarten zu bedenken.

Nun aber zurück zum Datenbestand, der im Computer aufgebaut werden soll.
Was ist das, ein Datenbestand?

Wir nennen eine Zusammenstellung von Datenelementen, die ein durch einen Schlüssel identifiziertes Objekt beschreiben, einen ***Datensatz***. Ein solcher Satz (im Sinne von „Menge") von Daten wäre z.B. der Inhalt einer Karteikarte, die ein Objekt des Typs „Auto" beschreibt.

Und ...

> Ein Datenbestand ist eine *geordnete* Sammlung von Datensätzen. „Geordnet" heißt, daß jeder Satz im Bestand seinen wohldefinierten Platz hat, daß also jeder Neuzugang an einen *bestimmten Platz* gestellt wird.

Die simpelste Ordnung in einem Datenbestand läuft nach dem Prinzip „hinten anstellen": jeder Neuzugang wird an das Ende angefügt („***Sequentieller Datenbestand***" sagen die Fachleute dazu). In der Handhabung erweist sich dies als unpraktisch. Zum Auffinden eines bestimmten Satzes müssen (wie beim Suchen eines Musikstückes auf der Cassette) alle vor ihm liegenden durchlaufen werden.

Besser und bequemer für die Handhabung ist die ***Direkte Organisation***: jeder Satz steht an dem Platz, der seinem Schlüssel entspricht und ist über diesen Schlüssel direkt ansprechbar. Das ist vergleichbar zu Musikstücken auf einer Schallplatte, wo man z.B. die Nadel direkt beim dritten (Schlüssel) Stück aufsetzen kann.

Wie sieht ein solcher Datenbestand (analog zur Kartei auch ***Datei*** genannt) in einfachster Form aus?

Denken Sie sich eine ***Datei*** wie eine ***Tabelle***:

Spalten →

	Auto-Nr.	Autotyp	Hubraum	EZ	TÜV	...
Zeilen ↓	1	Taunus	1.6	10/77	4/84	...
	2	Granada L	2.3	11/78	11/84	...

Sie sehen:

> Spalten = Namen der Datenelemente (Felder)
> Zeilen = Datensatz (mit Schlüssel)

Wie die Daten technisch im Computer gespeichert und angesprochen werden, erfahren Sie an späterer Stelle. Sie werden dort zwei Möglichkeiten sehen:

- satz- bzw. zeilenweise
- feld- bzw. spaltenweise

Wichtig ist nur:

> Jeder Satz (jede Tabellenzeile) muß durch einen Schlüssel (eine oder mehrere Spalteneintragungen) eindeutig identifiziert sein.
>
> Der Datenbestand ist nach dem Schlüssel *sortiert.*

Bei der Übertragung der Inhalte von der Karteikarte (eine Karte pro Auto) in die Tabelle (eine Zeile pro Auto) müssen die Namen der Felder, die sich auf der Karteikarte befinden, als Spaltenüberschriften in den Tabellenkopf übernommen werden. Dabei werden zu lange Namen geeignet abgekürzt, so daß sie auch ein Dritter nachvollziehen kann.

Hier gibt es noch einen Trick zum Platzsparen, die ***Verschlüsselung***: Hat ein Datenelement im ganzen Bestand nur *wenige* voneinander verschiedene Inhalte (besonders bei Texten), ersetzt man diese Inhalte durch sogenannte „Schlüssel", die aber keineswegs mit dem Schlüssel als Identifizierungsbegriff verwechselt werden dürfen.

Erscheint die Namensgleichheit im ersten Moment etwas verwirrend, so macht das folgende Beispiel den Inhalt dieses Schlüsselbegriffs doch so deutlich, daß diese nicht mehr miteinander verwechselt werden können:

„S" für Sportwagen, „K" für Kombi,
„L" für Lieferwagen, „C" für Camper usw.

Besonders beliebt sind solche Verschlüsselungen für Datenelemente, die nur 2 Inhalte haben können (vgl. „Festpreis"), nämlich „ja" oder „nein".

Aussage	Schlüssel	oder
„ja"	X	1
„nein"	–	0

Die Verschlüsselung „1" für „ja" und „0" für „nein" eignet sich besonders für die spätere Verarbeitung durch den Computer.

Nun müssen wir aber noch etwas klären:

– was passiert mit den „Leerlingen“ ———∋

– was passiert mit den „Mehrlingen“ ———≫

Wie Sie in Kap. 1.3 gesehen haben, gibt es die Möglichkeit, daß ein Datenelement für ein bestimmtes Objekt gar nicht vorhanden ist (z.B. „Name der Ehefrau“ bei einem ledigen Mitarbeiter). Wie löst man das im Datenbestand, d.h. in der Tabelle? Es wird ein Feld (eine Spalte) dafür vorgesehen, aber für die jeweiligen Sätze (Zeilen) als „nicht vorhanden“ gekennzeichnet. Es muß nur der Unterschied zu einem *vorhandenen* Datenelement, dessen Inhalt aber noch unbekannt ist, deutlich werden.

Beispiel:

Pers.Nr.	Mitarbeiter	Familienstand	Name der Ehefrau
47385	Zacharias	verheiratet	Hilde
47386	Adams	ledig	–
47387	Mittig	verheiratet	
...	...	...	...

Der nicht vorhandene „Name der Ehefrau“ des Ledigen ist durch „–“ gekennzeichnet, der noch unbekannte Name der Ehefrau des Herrn Mittig durch „leer“.

Ein viel schwierigeres Problem sind die „Mehrlinge“. Kein, ein, zwei, drei, ... „Extras“ beim Auto! Bei praktischen Problemen können es *sehr* viele sein. Überlegen Sie einmal folgende Situation:

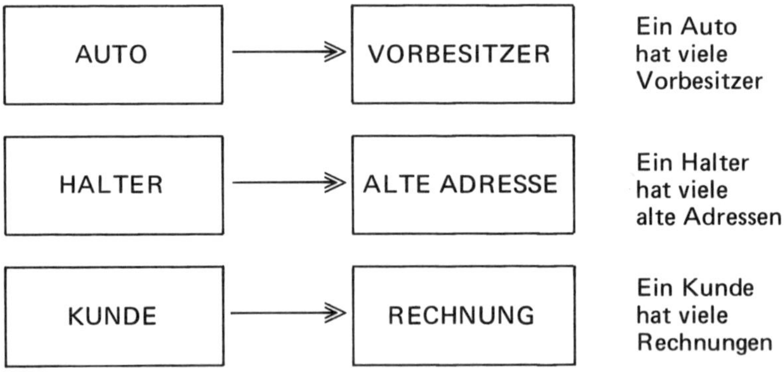

Der Trick, *mehrere* Felder (Tabellenspalten) vorzusehen (z.B. Vorbesitzer 1, Vorbesitzer 2, Vorbesitzer 3) führt früher oder später zum Platzproblem (siehe Kap. 1.3).

Sie sehen daran, daß das Problem ***systematisch*** angegangen werden muß:

Wir entwerfen eine Tabelle. Als Überschriften wählen wir passende Bezeichnungen zum Hinweis auf die Namen der Datenelemente (vergleichen Sie die Karteikarte in Kap. 1.1). Die Aussage „Festpreis ja oder nein?“ ist in der Spalte „F“ verschlüsselt festgehalten: ein „–“ für „nein“, ein „X“ für „ja“. Wir haben außerdem noch eine Spalte „RB“ für den Rabatt-Prozentsatz aufgenommen, den der Verkäufer (z.B. ein Händler) auf das Auto gewährt. Der Verkäufer ist in der vorletzten Spalte der Tabelle durch seine Telefonnummer identifiziert – ein ***„Fremdschlüssel“***!

Das Problem „es gibt *mehrere* Extras pro Auto“ haben wir so gelöst, daß in der entsprechenden Spalte mehrere Eintragungen untereinander stehen dürfen, so wie sie in der Zeile der Karteikarte nebeneinander standen.

Dann sieht die Tabelle so aus:

- AUTO

NR.	AUTOTYP	HUBR	EZ	TÜV	KM	EXTRAS	PREIS	F	VERK.	RB
A1	TAUNUS	1.6	10/77	4/84	91000	SONNENDACH	3000	-	117282	5
						RADIO				
						SPORTFELGEN				
A2	GRANADA L	2.3	11/78	11/84	80000	CASSETTENRAD	5900	X	334124	10
						SONNENDACH				

Hier können wir zwar – durch Einfügen weiterer Zeilen in der Tabelle – weitere Extras für ein Auto aufnehmen. Das Einfügen und Löschen von Sätzen in einer Datei (Zeilen in einer Tabelle) ist nämlich im Computer kein Problem – anders als bei Tabellen, die auf dem Papier stehen. Im Gegensatz zum Computer können Sie die Tabelle auf Anhieb lesen, d.h. Sie können die in der Spalte EXTRAS aufgeführten Datenelemente (Radio, Sportfelgen) dem „Taunus“ zuordnen. Das kann der Computer deswegen nicht, weil die unter EXTRAS stehenden Datenelemente für ihn durch keinen Schlüssel identifizierbar sind. Jede ***einzelne*** Zeile muß nämlich einen Schlüssel haben!

Der Begriff „Zeile“ wird dabei ganz formal verstanden:

Überschriftszeile 1	- AUTO						
Überschriftszeile 2	NR.	AUTOTYP	HUBR	EZ	TÜV	KM	EXTRAS
Überschriftszeile 3							
Tabellen-Zeile 1	A1	TAUNUS	1.6	10/77	4/84	91000	SONNENDA
Zeile 2							RADIO
Zeile 3							SPORTFEL
Zeile 4	A2	GRANADA L	2.3	11/78	11/84	80000	CASSETTE
Zeile 5							SONNENDA

Hier sind z.B. die Zeilen 2 und 3 in der Schlüsselspalte „NR.“ *leer*, also für den Computer *nicht* identifizierbar.

So geht es also nicht!
Wie wir das Problem lösen können, soll im folgenden in 3 Schritten gezeigt werden:

1. Schritt: Jede Zeile wird eindeutig identifizierbar gemacht.

Der Schlüssel und die anderen Datenelemente, die einem bestimmten Auto gehören, werden in die folgenden leeren Zeilen der Tabelle übernommen. So werden die in der Spalte EXTRAS aufgeführten Datenelemente „Radio“ und „Sportfelgen“ durch Betrachten der jeweiligen Zeile *alleine* als zum Auto A 1 gehörig erkannt.

Jede Zeile wird jetzt durch die Kombination von „NR.“ und „EXTRAS“ eindeutig identifiziert.

Kombinationsschlüssel

AUTO

NR.	AUTOTYP	HUBR	EZ	TÜV	KM	EXTRAS	PREIS	F	VERK.	RB
A1	TAUNUS	1.6	10/77	4/84	91000	SONNENDACH	3000	-	117282	5
A1	TAUNUS	1.6	10/77	4/84	91000	RADIO	3000	-	117282	5
A1	TAUNUS	1.6	10/77	4/84	91000	SPORTFELGEN	3000	-	117282	5
A2	GRANADA L	2.3	11/78	11/84	80000	CASSETTENRAD	5900	X	334124	10
A2	GRANADA L	2.3	11/78	11/84	80000	SONNENDACH	5900	X	334124	10

Sie sehen, daß dadurch der Aufwand für die Herstellung und Änderung dieser Tabelle beträchtlich gestiegen ist: bei einem bestimmten Auto müssen alle Angaben X mal wiederholt werden, wenn dieses Auto X Extras hat. Keine gute Lösung!!

Hinzu kommt, daß bei Änderungen ***Fehler*** entstehen können: ändert sich eine Spalte für ein Auto, so muß diese in allen Zeilen geändert werden. Vergißt man eine, so enthält die Tabelle (der Datenbestand) widersprüchliche Aussagen.

So geht's also auch nicht!
Daher erfolgt jetzt der

2. Schritt: Entfernen aller Spalten, die nicht vom *Kombinations*schlüssel abhängen.

Aus diesen Gründen werden die mehrfach vorkommenden Werte entfernt. Formal heißt das: wir entfernen alle die Spalten, deren Inhalt nicht von *allen* Teilen des Kombinationsschlüssel abhängt, sondern nur von einigen Teilen. In unserem Fall ist z.B. der AUTOTYP nicht von der Kombination „NR.“, „EX-

TRAS“ abhängig, sondern nur von einem Teil davon, der „NR.“. Zufällig sind hier sogar alle Spalten nur von „NR.“ abhängig. Was übrig bleibt, ist also nur die Tabelle des Kombinationsschlüssels selbst, die

Extras-Tabelle: *)

```
|- EXTRAS -------------
|NR.|EXTRAS           |
|----------------------
| A1|SONNENDACH       |
| A1|RADIO            |
| A1|SPORTFELGEN      |
| A2|CASSETTENRADIO   |
| A2|SONNENDACH       |
```

Die ausgelagerten Spalten stehen nun in der

Auto-Tabelle:

```
|- AUTO ---------------------------------------------------
|NR.|AUTOTYP    |HUBR| EZ  | TÜV |  KM  |PREIS|F|VERK.  |RB|
|----------------------------------------------------------
| A1|TAUNUS     | 1.6|10/77| 4/84| 91000| 3000|-|117282| 5|
| A2|GRANADA L  | 2.3|11/78|11/84| 80000| 5900|X|334124|10|
```

Die getrennte Extras-Tabelle hat den Vorteil, 2 verschiedene ***Fragestellungen*** zuzulassen:

- welche Extras hat ein bestimmtes Auto X?

```
|NR.|EXTRAS              | MIT      |NR.|
|-------------------------          | A1| <---- X
| A1|SONNENDACH          |
| A1|RADIO               |
| A1|SPORTFELGEN         |
```

- welche Autos besitzen ein bestimmtes Extra Y?

```
|NR.|EXTRAS              | MIT      |EXTRAS
|-------------------------          |SONNENDACH<---- Y
| A1|SONNENDACH          |
| A2|SONNENDACH          |
| A5|SONNENDACH          |
```

An dieser Stelle wollen wir unser Beispiel vorübergehend so modifizieren, daß ein von *allen* Teilen des Kombinationsschlüssels abhängiges Datenelement auftaucht.

*) ein anderes Beispiel bringen wir weiter unten!

Wir stellen uns vor, daß Extras in Autos von verschiedenen Herstellern stammen können. Dann würde die Tabelle so ausgesehen haben:

NR.	AUTOM	EXTRAS	PREIS	F	VERK.	RB	*EXTRAS-HERSTELLER*
A1	TAUNU00	SONNENDACH	3000	-	117282	5	*Sunroof*
A1	TAUNU00	RADIO	3000	-	117282	5	*Rotpunkt*
A1	TAUNU00	SPORTFELGEN	3000	-	117282	5	*Konti*
A2	GRAN000	CASSETTENRAD	5900	X	334124	10	*Rotpunkt*
A2	GRAN000	SONNENDACH	5900	X	334124	10	*Glasufix*

Die letzte Spalte ist nun von der Kombination aus „NR." und „EXTRAS" abhängig. Eine Angabe *alleine* reicht nicht aus, um den Extras-Hersteller eindeutig zu benennen:

- das Auto A1 hat mehrere Extras-Hersteller
- das Extra „Sonnendach" hat mehrere Extras-Hersteller

In diesem Fall hätte die Spalte EXTRAS-HERSTELLER also mit in der Extras-Tabelle bleiben müssen: eine Spalte, die vom gesamten Kombinationsschlüssel abhängt und nicht nur von Teilen davon.

Zurück zu den Schritten zur systematischen Entfernung von „Problemzonen" aus Datenbeständen (Tabellen). Ist nun alles in Ordnung?

Nein, noch immer nicht!
Um noch eine weitere Fehlerquelle zu zeigen, müssen wir die Auto-Tabelle um einige zusätzliche Objekte A3, A4, A5 erweitern:

NR.	AUTOTYP	HUBR	EZ	TüV	KM	PREIS	F	VERK.	RB
A1	TAUNUS	1.6	10/77	4/84	91000	3000	-	117282	5
A2	GRANADA L	2.3	11/78	11/84	80000	5900	X	334124	10
A3	KADETT	1.2	5/77	1/84	120000	800	X	334124	-
A4	GRANADA L	2.3	7/80	7/84	14000	13500	-	984421	-
A5	ALPINE II	2.0	1/82	1/84	10000	18000	-	117282	3

In der Tabelle des Objekttyps „Auto" haben wir Datenelemente eines „fremden" Objekttyps „Verkäufer", nämlich dessen Schlüssel „Tel.Nr." und ein weiteres, ihm gehöriges Feld „Festpreis" (Spalte „F"). Dabei nehmen wir an, daß der Verkäufer entweder grundsätzlich mit sich handeln läßt (Festpreis „–") oder nicht (Festpreis „X"). Das Datenelement „Festpreis" ist also eine Eigenschaft (ein Attribut) des *Verkäufers*, gehört also zu ihm wie seine Telefonnummer.

Daraus kann sich wieder ein Änderungsproblem ergeben: Was passiert, wenn der Händler mit der Tel. Nr. 117282 seine Preispolitik von „Festpreis nein" in „ja" („–" in „X") ändert und wir das nicht überall in der Autotabelle korrigieren?

Daraus ergibt sich der

3. ***Schritt:*** Entfernen aller Spalten, die *untereinander* abhängig sind.

In unserem Fall wird die nur und ausschließlich von „VERK." abhängige Spalte „Festpreis" entfernt und in einer separaten Tabelle für den Objekttyp „Verkäufer" gespeichert – dort, wo sowieso alle dem Verkäufer eigene Daten stehen.

Jetzt sind wir fertig und haben insgesamt 3 saubere Tabellen (Datenbestände): *)

Autos

AUTO

NR.	AUTOTYP	HUBR	EZ	TÜV	KM	PREIS	VERK.	RB
A1	TAUNUS	1.6	10/77	4/84	91000	3000	117282	5
A2	GRANADA L	2.3	11/78	11/84	80000	5900	334124	10
A3	KADETT	1.2	5/77	1/84	120000	800	334124	-
A4	GRANADA L	2.3	7/80	7/84	14000	13500	984421	-
A5	ALPINE II	2.0	1/82	1/84	10000	18000	117282	3

Extras

EXTRAS

NR.	EXTRAS
A1	SONNENDACH
A1	RADIO
A1	SPORTFELGEN
A2	CASSETTENRADIO
A2	SONNENDACH
A4	SPORTFELGEN
A5	RADIO
A5	SONNENDACH

Verkäufer

VERK

TELEFON	F	NAME	ADRESSE
117284	-	AUTO-MAIER	SONNENALLEE 22
334124	X	MERKLE	HAUPTSTR. 12
411734	X	ADAMSON GMBH	AM RING 10
851764	-	KLAXON KG	ROTTENWEG 7

Auch hier sehen wir wieder den ***Vorteil***, mit *verschiedenen* Fragestellungen an die einzelnen Tabellen heranzugehen: *)

- Suchen mit Schlüssel:
  welche Daten hat das Auto A 5, der Verkäufer 211734, ...?
- Suchen mit Inhalten (welche Objekte haben Spalten bestimmten Inhalts?):
  welche Autos mit „Radio", welche Verkäufer mit Festpreis „X", ...?

*) Realisierungsbeispiele auf dem IBM PC s. S. 171 ff.

Wenn wir die etwas umständlichen Schritte auf dem Wege zum richtigen Ergebnis gezeigt haben, bedeutet das nicht, daß Sie in der Praxis nicht mehrere Schritte auf einmal tun dürfen. Wir wollten hier nur illustrieren, in welcher (noch ungenügenden) Form solche Datenbestände auftreten können und wie Sie sie perfekt gestalten.

In der Praxis gehen Sie also den (in Kap. 1.3) beschriebenen Weg:

- Bestimmung der Objekttypen und ihrer Beziehungen untereinander;
- Erfassen der pro Objekttyp zu speichernden Daten (aus dem Formular) und Markieren der Mehrfach-Elemente und Fremdschlüssel;

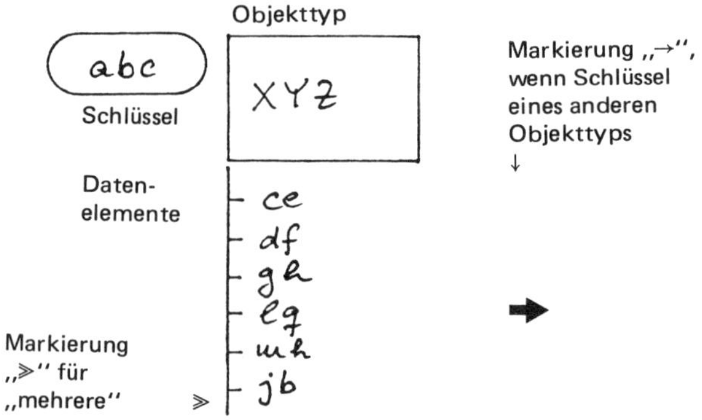

- Entwurf von Tabellen (Datenbeständen, Dateien) für jeden Objekttyp
  - *eine* „Grundtabelle", die alle Datenelemente bis auf die Mehrfachelemente enthält;
  - für jedes Mehrfach-Element eine eigene Tabelle mit dem Schlüssel der Grundtabelle;
  - wenn Fremdschlüssel mit Fremddaten (Datenelemente, die vom Fremdschlüssel *alleine* abhängen) vorhanden: Auslagerung der Fremddaten in die Grundtabelle des Fremdschlüssels.

Betrachten wir die 3 Schritte zur Herstellung von „sauberen" Tabellen (Datenbeständen) noch einmal in anderer Formulierung. Wir haben an die Zeilen und Spalten von Tabellen (oder an die Sätze und Felder von Datenbeständen) folgende Forderungen gestellt[1]):

1. Forderung

Am Schnittpunkt einer Zeile mit einer Spalte darf nur genau *ein* Wert (Inhalt eines Datenelementes) stehen. Jede Zeile muß eindeutig durch einen Schlüssel (eine Spalte oder eine Kombination aus mehreren Spalten) identifiziert sein.

[1]) Die Theoretiker der Datenverarbeitung nennen die 3 Forderungen auch 1., 2. und 3. „Normalform".

Regel 1:

Sind in einer geplanten Tabelle Mehrfach-Felder enthalten, so werden sie von vornherein daraus entfernt und getrennt unter ihrem Schlüssel gespeichert.

Beispiel:

Die geplante Tabelle soll die Daten des schon bekannten Objekttyps „Auto" enthalten, die wir schon in unserem Formular (siehe Kap. 1.3) erfaßt haben. Das Mehrfach-Feld „Extras" wird nach dieser Regel getrennt unter dem Schlüssel der Auto-Tabelle (fortlfd. Nr.) gespeichert.

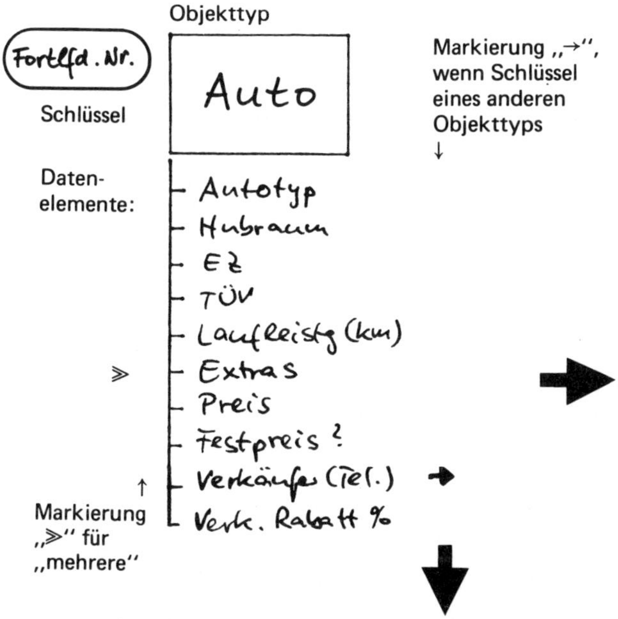

NR.	EXTRAS
A1	SONNENDACH
A1	RADIO
A1	SPORTFELGEN
A2	CASSETTENRADIO
A2	SONNENDACH
A4	SPORTFELGEN
A5	RADIO
A5	SONNENDACH

NR.	AUTOTYP	HUBR	EZ	TÜV	KM	PREIS	F	VERK.	RB
A1	TAUNUS	1.6	10/77	4/84	91000	3000	-	117282	5
A2	GRANADA L	2.3	11/78	11/84	80000	5900	X	334124	10
A3	KADETT	1.2	5/77	1/84	120000	800	X	334124	-
A4	GRANADA L	2.3	7/80	7/84	14000	13500	-	984421	-
A5	ALPINE II	2.0	1/82	1/84	10000	18000	-	117282	3

2. Forderung

Jede Spalte, die *nicht* Teil des Schlüssels ist, muß von *allen* zum Schlüssel gehörenden Spalten abhängig sein und nicht nur von einzelnen Schlüsselspalten.

***Regel** 2:*

Ist in einer geplanten Tabelle nur *eine* Spalte Schlüssel, so braucht diese nicht weiter geprüft zu werden. Besteht der Schlüssel aus *mehreren* Spalten, ist folgendes zu tun: alle nicht zum Schlüssel gehörigen Spalten, die nicht von der *gesamten* Schlüsselkombination abhängig sind, werden in einer eigenen Tabelle gespeichert. Deren Schlüssel ist *der* Teil des ursprünglichen Schlüssels, der ausreichte, um sie zu identifizieren.

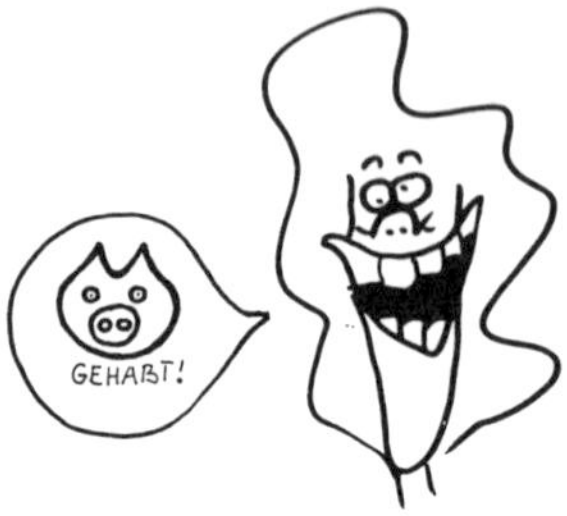

Beispiel:

Alle Tabellen unseres Auto-Beispiels hatten nur eine Schlüsselspalte, deswegen war die 2. Forderung automatisch erfüllt. Zur Verdeutlichung variieren wir unser Beispiel wie folgt:
Ein Auto hat nicht nur *einen*, sondern eventuell mehrere Verkäufer, es wird von mehreren Händlern zu *unterschiedlichen* Preisen und Rabatten angeboten. Das heißt, die Händler treten als Vermittler oder Makler auf, denn verkaufen kann ein Objekt natürlich nur der (eine) Besitzer. Bei Immobilien ist ein solcher Mehrfach-Auftrag durchaus üblich.

Dann gibt es z.B. folgende Tabelle:

NR.	AUTOTYP	HUBR	***VERK.***	PREIS	RB
A1	Taunus	1.6	*117282*	3000	5
A1	Taunus	1.6	*334124*	2800	–
A1	Taunus	1.6	*984421*	3100	10
A2	Granada L	2.3	...		

Schlüssel, eindeutige Identifikation jeder Zeile der Tabelle ist die *Kombination* aus „NR." und „VERK.". Was sehen wir?

Die Spalten „PREIS" und „RB" sind von der Kombination aus *beiden* Schlüsselspalten abhängig. Die Spalten „AUTOTYP" und „HUBR." sind nur von einer Spalte, der „NR." abhängig und müssen deshalb in einer eigenen Tabelle stehen. Deren Schlüssel ist „NR.".

Ergebnis:

2 Tabellen:

NR.	AUTOTYP	HUBR.	usw.
A1	Taunus	1.6	...
A2	Granada L	2.3	...

NR.	*VERK.*	PREIS	RB
A1	*117282*	3000	5
A1	*334124*	2800	–
A1	*984421*	3100	10
A2	*334124*	5900	10

3. Forderung

Es darf *keine* Abhängigkeiten zwischen Spalten geben, die *nicht* Teil des Schlüssels sind.

3. ***Regel:***

Gibt es in einer geplanten Tabelle eine Abhängigkeit zwischen Spalten, die *nicht* zum Schlüssel gehören, sind *die* Spalten, die von einer anderen abhängig sind, aus der Tabelle zu entfernen und mit derjenigen, von der sie abhängig waren, als eigene Tabelle zu speichern.

Beispiel:

```
|- AUTO -----------------------------------------------------------
|NR.|AUTOTYP     |HUBR| EZ   | TÜV |   KM   |PREIS|F|VERK.  |RB|
|------------------------------------------------------------------
| A1|TAUNUS      | 1.6|10/77| 4/84| 91000| 3000|-|117282| 5|
| A2|GRANADA L   | 2.3|11/78|11/84| 80000| 5900|X|334124|10|
| A3|KADETT      | 1.2| 5/77| 1/84|120000|  800|X|334124| -|
| A4|GRANADA L   | 2.3| 7/80| 7/84| 14000|13500|-|984421| -|
| A5|ALPINE II   | 2.0| 1/82| 1/84| 10000|18000|-|117282| 3|
```

„F" ist abhängig von „VERK."

Der Festpreis „F" wird entfernt und mit der Spalte „VERK." als Schlüssel separat gespeichert.

```
                                          !
|- AUTO ----------------------------------▼----------     |- VERK --▼----------
|NR.|AUTOTYP     |HUBR| EZ      |PREIS|VERK.  |RB|     |TELEFON|F|NAME
|-------------------------------------------------     |--------------------
| A1|TAUNUS      | 1.6|10/77|0| 3000|117282| 5|     | 117284|-|AUTO-MAIE
| A2|GRANADA L   | 2.3|11/78|0| 5900|334124|10|     | 334124|X|MERKLE
| A3|KADETT      | 1.2| 5/77|0|  800|334124| -|               ▲
| A4|GRANADA L   | 2.3| 7/80|0|13500|984421| -|
| A5|ALPINE II   | 2.0| 1/82|0|18000|117282| 3|
```

Welche vielfältigen Vorteile diese – zugegeben mühsame – Vorarbeit beim Ordnen der Datenbestände (Tabellen) nach sich zieht, sehen wir später, wenn wir über die Verarbeitung der Daten sprechen.

Zusammenfassend kann folgende ***Regel*** formuliert werden:

> Bei einem Objekttyp dürfen nur Datenelemente stehen, die
> – entweder ausschließlich *diesem* Objekttyp zu eigen sind
> – oder Schlüssel anderer Objekttypen sind (*nicht* aber Daten anderer Objekttypen, die nicht Schlüssel sind).

1. Welche Analogien gibt es zwischen einem „Datenbestand" und einer „Tabelle"?

   a) Ein ____________ im Datenbestand ist eine ____________ in der Tabelle
   b) Ein ____________ im Datenbestand ist eine ____________ in der Tabelle

2. Ergänzen Sie folgenden Satz: „Jeder ________ im Datenbestand (jede ________ in einer Tabelle) muß durch einen ________ (ein oder mehrere Datenelemente) eindeutig identifiziert sein. Der Datenbestand (die Tabelle) ist nach dem ________ sortiert.

   NB: Gilt das für den Datenbestand „Telefonbuch"?
   ja / nein, weil ____

3. Welche Forderung / Regel ist durch folgende Tabelle verletzt und wie bringen Sie das in Ordnung?

   RUFNUMMERNVERZEICHNIS:

(<u>*Ortsnetznr.*</u>,	<u>*Teiln.Nr.*</u>,	Teiln.Name / Vorname,	Ort, Straße / Nr.)*)
z.B. 030	2117766	Maier, Willi	Berlin Ottostraße 12

   Regel ______ ist verletzt, weil ______________________________
   Abhilfe durch ______________________________________ ergibt
   Tab. 1: ____
   Tab. 2: ____

4. Beantworten Sie die gleiche Frage für folgende Tabelle**):

   HÄNDLERVERZEICHNIS:

(<u>*Händlernr.*</u>,	Name,	PLZ,	Ort,	Straße / Nr.)*)
z.B. 4973	Heufeld	2488	Feigen	Hauptstr. 31
4980	Auto-Vera	1000	Berlin	Ottokarplatz 2
4988	Hupe KG	1000	Berlin	Karlsring 23
4995	Klinger	6900	Heidelberg	Bergstr. 61

---

*) Schlüssel der Tabellen <u>*unterstrichen*</u>

**) Treffen Sie dabei die (vereinfachende) Annahme, daß genau 1 PLZ zu genau 1 Ort gehört (daß es also nicht zu einer PLZ zwei Ortsnamen geben kann)

Regel ______ ist verletzt, weil ______________________________
Abhilfe durch ______________________________ ergibt
Tab. 1: ______________________________
Tab. 2: ______________________________

5. Verschiedene Werkstätten können verschiedene Automarken reparieren und haben für die jeweilige Marke Ersatzteile oder nicht.
Welche Fragestellungen können mit folgender Tabelle beantwortet werden?

WERKSTATTVERZEICHNIS:

(*Werkstatt-Name*,	*Automarke*,	Ersatzteillager ja/nein)
Auto-Vera	Alfa	–
Auto-Vera	Audi	X
Hupe KG	Alfa	X
Hupe KG	VW	–

Fragestellungen: welche ______________________________
welche ______________________________
welche ______________________________

Datenbestände im Computer kann man sich als Tabellen vorstellen. Dabei entspricht eine Tabellenzeile einem Datensatz in der Datei, eine Tabellenspalte einem Feld (einem Datenelement) im Datensatz.
Beim Entwurf von Datenbeständen muß man gezielt und systematisch vorgehen, um „unsaubere" Dateien (das sind solche, in die sich bei späterer Dateneingabe oder -veränderung Fehler einschleichen können) zu vermeiden.
Dabei sind 3 einfache Grundregeln zu beachten:

1. jedes Feld darf im Datensatz nur einmal und nicht mehrfach vorkommen;
2. jedes Feld, das nicht Teil des Schlüssels ist*), muß von der Kombination aller Schlüsselfelder abhängig sein und nicht nur von einzelnen Feldern des Schlüssels;
3. Felder, die nicht Teil des Schlüssels sind, dürfen nicht untereinander abhängig sein.

Wie Sie in diesem Kapitel gesehen haben, entstehen bei Beachtung dieser 3 Regeln einwandfreie Datenbestände.

*) Ein „Kombinationsschlüssel" besteht aus mehreren Feldern (Datenelementen)

Kapitel 1.5

Fallstudie „Haushaltsbuch“, Teil 1

> Sie wenden die gesamte Methode nun auf eine konkrete Aufgabenstellung an und sehen, wie Sie die Analyse der Daten systematisch durchführen können.

Wissi lebt zusammen mit seiner Zwillingsschwester bei den Eltern, allerdings sind beide wirtschaftlich selbständig. Sie führen einen gemeinsamen Haushalt, zu dem jeder beisteuert. Da wir Wissi schon als ordnungsliebend kennengelernt haben, wundern wir uns nicht, daß auch die Beiträge jeder der drei Parteien (Eltern, Wissi, Wisseline) zum gemeinsamen Haushalt genau notiert werden. Jeder trägt in ein Haushaltsbuch ein, wer wann wofür wieviel Geld ausgegeben hat. Außerdem wollen alle festhalten, von welcher *Art* die Ausgabe war – ob für Lebensmittel, Kleidung, Wohnung, Auto usw. Dafür werden geeignete Abkürzungen (Schlüssel) verwendet, z.B. „L“ für Lebensmittel, „A“ für Auto. Alle Rechnungen und Belege werden mit einer fortlaufenden Nummer versehen und abgeheftet, damit man sie später (z.B. für die Steuererklärung) aufgrund der Eintragung im Haushaltsbuch wiederfinden kann.

Sehen wir uns einen Ausschnitt aus dem Haushaltsbuch an:

JAHR 83

NR.	DATUM	ART	BEZEICHNUNG	ELTERN	WISSI	WISSELINE
378	20.1.	L	Fleisch, Wurst		45 30	
379	20.1.	L	Brot, Limonade, Gemüse	17 55		
380	21.1.	A	Benzin		50 –	
381	25.1.	K	Schuhe			63 –
382	26.1.	L	Supermarkt		98 35	
383	1.2.	W	Miete	350 –	200 –	200 –
384	1.2.	L	Obst			12 80
385	2.2.	F	Kino		11 –	11 –

Zu beachten ist die Tatsache, daß es Ausgaben gibt (z.B. Beleg 383 für Miete), an denen *mehrere* Personen beteiligt sind.

Das Haushaltsbuch soll jetzt nicht nur in geeigneter Form im Computer gespeichert werden, sondern auch noch bezüglich verschiedener Fragestellungen auswertbar sein. Insbesondere interessieren folgende ***Rechenergebnisse*** für einen bestimmten Zeitraum (z.B. pro Jahr):

– Summe der Ausgaben pro Partei
– Summe der Ausgaben pro Art
– Summe der Ausgaben pro Partei und Art

und für alle drei die prozentualen Anteile an der Gesamtausgabe.

Wie gehen Sie systematisch an die Aufgabe heran?
Erinnern Sie sich an die ***Vorgehensweise*** auf S. 33:

1. *Objekttypen und ihre Schlüssel*

a) 3 „Objekte“ können Geld ausgeben:
die Eltern, Wissi und Wisseline. Wie wollen wir den gemeinsamen Objekttyp nennen? „Person“ wäre nicht so geeignet, denn „Eltern“ sind ja zwei Personen. Deswegen haben wir sie oben „Partei“ genannt. Schlüssel dieses Objekttyps sei der „Name“, obwohl er bei einzelnen Objekten (z.B. „Wisseline“) recht lang ist.

b) Sieht man in der Realität (hier: im Haushaltsbuch) einen *Schlüssel* (z.B. eine Nummer) für etwas, so ist dieses „Etwas“ höchstwahrscheinlich ein Objekt. Wo ist das hier der Fall? Richtig: die „NR.“ des Ausgabebeleges ist ein Schlüssel und identifiziert jedes Objekt des Objekttyps „ ... “ – wie könnten wir ihn nennen? „Beleg“ ist nicht so geeignet, weil wir ja nicht den Papierzettel, sondern das ***„Ereignis“*** meinen. Sagen wir also besser für den zweiten Objekttyp „Ausgabe“: das Ereignis, daß Geld ausgegeben worden ist.

c) Ein weiterer Schlüssel ist sichtbar: die „Art“ der Ausgabe. Sie ist eine Abkürzung für die volle Bezeichnung (z.B. „K“ für Kleidung). Wir wollen den Objekttyp „Ausgabeart“ nennen. Daraus ergibt sich natürlich, daß nicht zwei verschiedene Ausgabearten dieselbe Abkürzung, denselben Schlüssel haben dürfen.

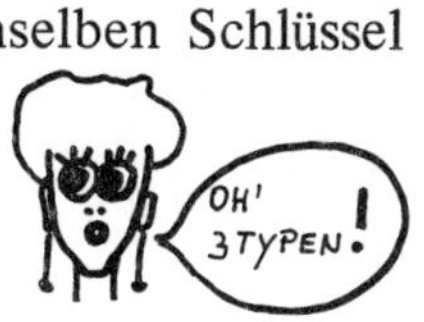

Wir haben folgende 3 Objekttypen mit ihren Schlüsseln:

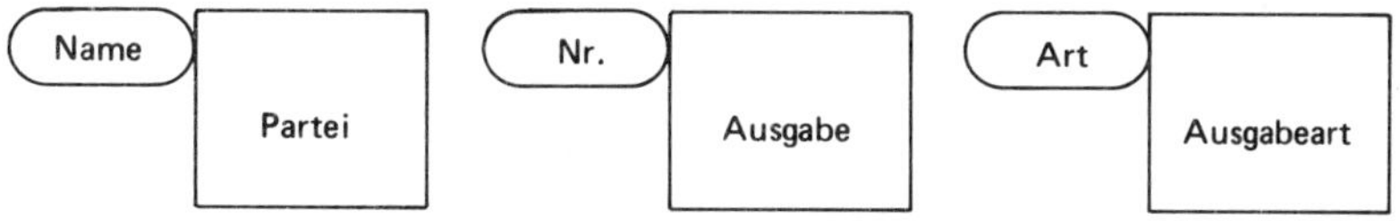

2. *Beziehungen zwischen Objekttypen*

Jetzt müssen Fragen nach dem Muster

„Gehören zu einem X genau ein oder mehrere Y?“ und
„Gehören zu einem Y genau ein oder mehrere X?“ gestellt werden, also z.B.
„Gehört zu einer Ausgabe genau eine oder mehrere Ausgabeart(en)?“
„Gibt es für eine Ausgabeart genau eine oder mehrere Ausgaben?“

Die Antworten der Fragen für alle Kombinationen von Objekttypen werden graphisch festgehalten:

Die Zeichnung sagt aus:

Eine Ausgabe hat genau 1 Ausgabeart.
Für eine Ausgabeart gibt es mehrere Ausgaben.*)
Eine Partei hat mehrere Ausgaben.
Eine Ausgabe kann mehrere Parteien betreffen.

Die Beziehung zwischen „Partei“ und „Ausgabeart“ sind hier nicht eingezeichnet, sie ergeben sich aus den anderen.

3. *Datenelemente pro Objekttyp*

Wir notieren die Namen der Datenelemente für jeden Objekttyp und achten besonders auf „Mehrlinge“ und Fremdschlüssel.
Hier verwenden wir unser Formular von S. 39:

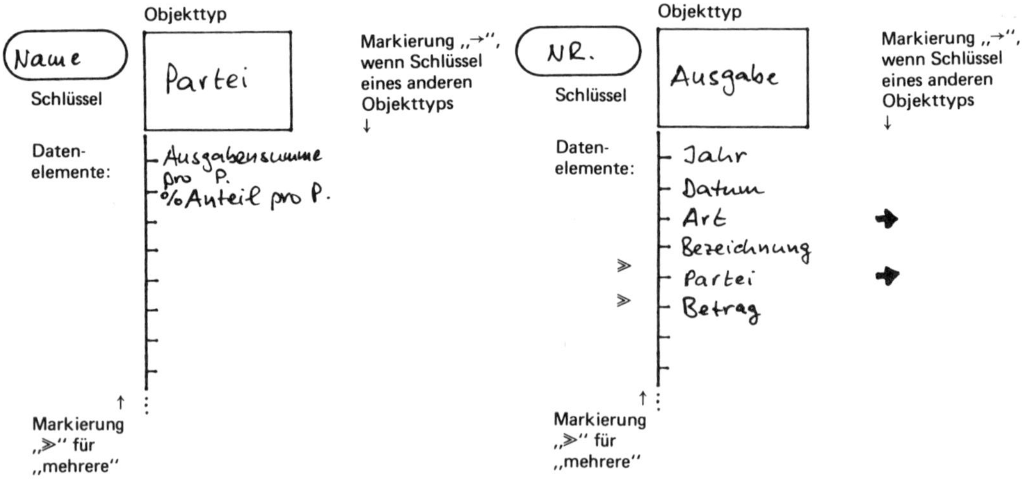

*) „mehrere“ = beliebig viele, im Extrem nur eine oder keine

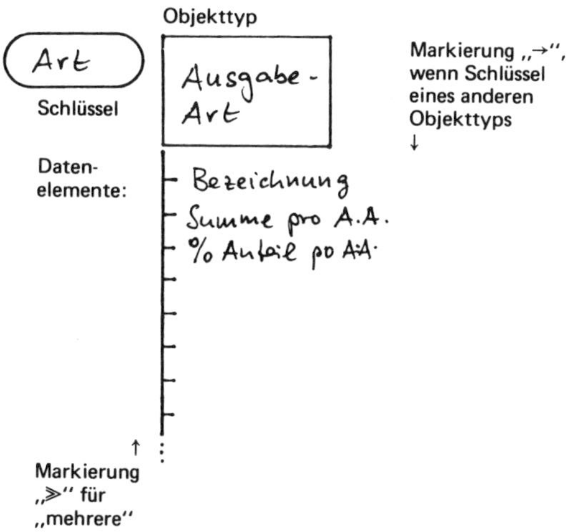

4. *Aufstellen der Tabellen pro Objekttyp*

a) Tabelle PARTEI

NAME	AUSG. SUMME	%-ANTEIL	
Eltern	5535,05	45	*)
Wissi	3690,15	30	
Wisseline	3075,00	25	

b) Tabelle AUSGABE

NR.	JAHR	DATUM	ART	BEZEICHNUNG
378	83	20.1.	L	Fleisch, Wurst
379	83	20.1.	L	Brot, Limonade
380	83	21.1.	A	Benzin
381	...	...	..	...

Die mit „≫“ markierten Mehrfach-Felder werden ausgelagert (vergl. S. 53); wir erhalten eine weitere Tabelle, die zeigt, wer an welchen Ausgaben beteiligt ist. Wir nennen sie deswegen

Tabelle BETEILIGUNG

NR.	NAME	BETRAG
...	...	....
381	Wisseline	63,–
382	Wissi	98,95
383	Eltern	350,–
383	Wissi	200,–
383	Wisseline	200,–
384	Wisseline	12,30
...	...	...

Kombinationsschlüssel (NR. + NAME)

*) Diese Zahlen sind nur Beispiele – sie sollen ja erst errechnet werden

c) Tabelle AUSGABEART

Als Anregung zur Gestaltung einer solchen Tabelle zeigen wir hier mehrere sinnvolle Unterscheidungen von Ausgabearten:

ART	BEZEICHNUNG	ARTENSUMME	ARTEN-%
A	Auto (Kauf und Unterhaltung)	*)	*)
E	Energie, Strom, Gas, Öl		
F	Freizeit, Unterhaltung		
H	Hausrat, Wäsche		
Hy	Hygiene, Arzt, Gesundheit		
K	Kleidung,		
L	Lebensmittel		
R	Reisen, Urlaub		
Sp	Sparen, Rücklagen		
St	Studienmaterial		
T	Telefon, Rundfunk, TV, Zeitung		
V	Verbindlichkeiten, Zinsen, Tilgung		
W	Wohnung: Miete, Möbel		
Z	Sonstiges		

d) Wir hätten es fast vergessen:

Ein Datenelement „Summe der Ausgaben pro Partei pro Ausgabeart“ sollte berechnet werden. Wie nennen wir es kurz? Wovon ist es abhängig, und wie sieht die Tabelle aus? Nennen wir es „Aufgeschlüsselte Summe“, weil es nach den beiden Schlüsseln „Partei“ und „Art“ getrennt ist. Von denen ist der Wert auch abhängig, so daß wir folgende Tabelle bekommen, die die Ausgabenverteilung zeigt.

Tabelle AUSGABENVERTEILUNG

NAME	ART	AUFGESCHL. SUMME
Eltern	A	*)
Wissi	A	
Wisseline	A	
Eltern	K	
Wissi	K	
Wisseline	K	

Kombinationsschlüssel

*) Diese Werte werden errechnet

Hier wollen wir eine weitere ***Vereinfachung*** vorstellen*), die uns beim Entwurf von Tabellen nützt: wir zeichnen nicht immer Muster von Tabellen mit beispielhaften Eintragungen (obwohl das für die Überlegungen recht anschaulich ist). Wir beschränken uns auf die Angabe folgender Dinge:

– Name der Tabelle
– *Schlüssel-Name(n)*
– Namen der Datenelemente

in folgender Form:

Name der Tabelle (*Schlüssel-Name(n)*, Datenelement-Namen)

Manchmal wird das auch in anderer Weise geschrieben:

NAME DER TABELLE:
(*Schlüssel-Name(n)*, Datenelement-Namen),

um unmittelbar darunter einige Beispiele zur Verdeutlichung notieren zu können.

Damit können wir unsere bisher definierten Tabellen mit einem Blick erfassen:

Partei (*Name*, Ausg.summe, %-Anteil)
Ausgabe (*Nr.*, Jahr, Datum, Art, Bezeichnung)
Beteiligung (*Nr.*, *Name*, Betrag)
Ausgabeart (*Art*, Bezeichnung, Artensumme, Arten-%)
Ausgabenverteilung (*Name*, *Art*, Aufgeschl. Summe)

Hier sehen wir eine Schwierigkeit, die schon im Kapitel 1.1 auftrat: um Verwechslungen zu vermeiden, müssen die Namen der Datenelemente eindeutig sein und genau kennzeichnen, wofür sie stehen und was sie bedeuten. Insbesondere müssen die ***Querbeziehungen*** zwischen verschiedenen Tabellen deutlich werden. In unserem Fall heißt das z.B., daß „Name" in der Tabelle PARTEI, BETEILIGUNG und AUSGABENVERTEILUNG wirklich ein und dasselbe Datenelement, nämlich der „Name der Partei" ist. In der Praxis setzt man bei solchen Allerweltsbezeichnungen wie „Name", „Nr.", „Summe", „Menge", ... immer noch den Objekttyp davor, als z.B. „*Parteien*name".

*) diese Darstellung haben wir bei den Fragen auf S. 57 und 58 schon verwendet

Zweite, in Kap. 1.1 schon erwähnte Methode zur Klarstellung ist der ***Datenkatalog***, in dem solche Begriffe wie „%-Anteil" oder „Arten-%" genau erklärt sind.

5. *Prüfen und Bereinigen der Tabellen*

Jede der Tabellen ist zu prüfen, ob sie *allen* drei Forderungen oder Regeln (ab S. 53) entspricht.

Regel 1:

Keine Mehrfachfelder!
Alle Tabellen werden von vornherein so konstruiert, daß Mehrfachfelder nicht vorkommen;

Regel 2:

Keine Abhängigkeiten von Schlüsselteilen!
Diese Regel ist bei allen Tabellen, die nur *eine* Schlüsselspalte haben, automatisch erfüllt. Die Überprüfung der beiden Tabellen „Beteiligung" und „Ausgabenverteilung" ergibt, daß die Spalten „Betrag" bzw. „Summe" in der Tat von *beiden* Schlüsselspalten abhängen;

Regel 3:

Keine Abhängigkeiten untereinander!
Diese Regel ist natürlich bei Tabellen, die nur eine Spalte haben, die nicht zum Schlüssel gehört, von vornherein erfüllt. Bei den anderen Tabellen stellen wir nach sorgsamer Prüfung fest: Keine Abhängigkeit von Spalten (die nicht zum Schlüssel gehören) untereinander.

Damit haben wir fünf Datenbestände (Tabellen) so aufgebaut, daß bei der späteren Verarbeitung keine unangenehmen Überraschungen oder gar Fehler auftauchen.

Hätten Sie es genauso gemacht? Wir wissen aus Erfahrung, daß anfangs die Bestimmung der Objekttypen Schwierigkeiten bereitet. Das macht nichts: erstens werden Sie mit wachsender Erfahrung sicherer, zweitens ist es nicht so schlimm, wenn Sie dabei einige Fehler machen. Wichtig ist nur, daß Sie die ***drei Regeln*** oder Forderungen ***ganz streng und genau beachten.*** Dann nämlich wird selbst eine anfänglich falsche Vermutung in bezug auf die Objekttypen automatisch korrigiert – letztlich ist nach der Anwendung der drei Regeln alles das „Objekttyp", was in einer eigenen Tabelle mit eigenem (einfachem oder Kombinations-) Schlüssel steht.

2. Abschnitt

Was ist Datenverarbeitung?

Datenverarbeitung ist eine Reihe von verschiedenen Prozessen mit Daten, z.B. Auswahl, Umgruppierung oder Neuerzeugung von Daten. Datenverarbeitungsprozesse sind dynamisch: ein Prozeß läuft ab und danach ist ein Resultat vorhanden, d.h. ein neuer Zustand der Daten ist eingetreten.

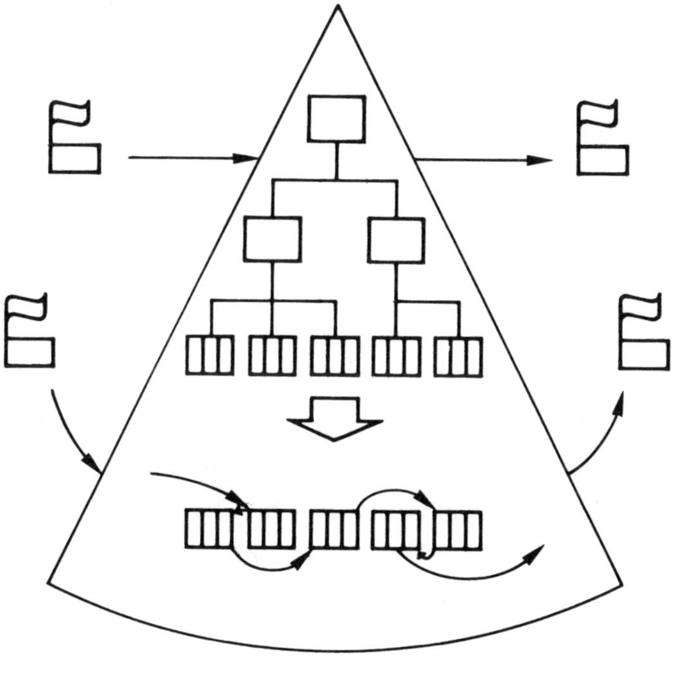

Dieses Bild drückt aus:

Eine Datenverarbeitungs-Anwendung ist ein Ausschnitt aus der Unternehmensrealität. Sie liefert Datenelemente und benötigt welche. Einige davon sind „Durchläufer“, andere werden in den einzelnen Prozessen der Anwendung erzeugt. Dies ist auf E-V-A-Diagrammen beschrieben.

Kapitel 2.1

Wie Sie Daten verarbeiten

Im Grunde gibt es nur 3 Arten von Datenverarbeitung: die Pflege eines Datenbestandes, die Auswahl aus einem Datenbestand und die Verknüpfung von Daten in einem Datenbestand. Bei genauerer Betrachtung können wir verschiedene „typische" Formen der Datenverarbeitung erkennen, die immer wiederkehren.

Einen wichtigen Teil der Arbeit, den Entwurf der Datenbestände, haben wir nun erledigt. Das war eine bedeutsame Vorleistung, die uns jetzt und später den Umgang mit den Daten wesentlich erleichtert. Nun müssen die Daten im Computer ***gespeichert*** werden.*)

Das ist die *erste* Art der Datenverarbeitung:

Eingabe und Pflege der Datenbestände

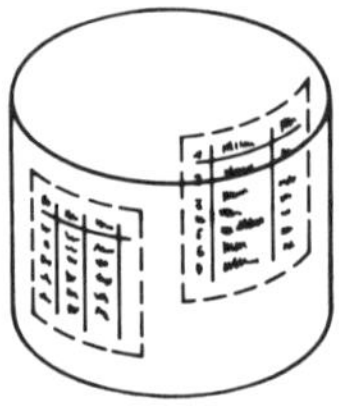

Die magnetisch gespeicherten und damit unsichtbaren Daten nützen uns gar nichts, wenn wir sie nicht wieder sichtbar machen können.

Das ist die *zweite* Art der Datenverarbeitung:

Auswahl und Ausgabe aus Datenbeständen

Für die beiden genannten Tätigkeiten ist der Begriff „Daten***verarbeitung***" eigentlich nicht zutreffend, weil wir es hier nur mit Daten***verwaltung*** oder Daten***pflege*** zu tun haben.

Das Wort „verarbeiten" hingegen suggeriert, daß aus vorhandenen Daten etwas Neues gemacht wird; „neue" Datenelemente, die vorher nicht existiert haben.

*) Wie das technisch geht, finden Sie kurz im Anhang erwähnt.

Und genau das ist die *dritte* Art der Datenverarbeitung:

Erzeugung neuer Daten aus vorhandenen Datenbeständen

Üblicherweise bezeichnet man alle drei Arten als „Datenverarbeitung“:

E – Die *Eingabe* von Daten
d.h. die Pflege von Datenbeständen;
V – die *Verarbeitung* im eigentlichen Sinne,
d.h. die Erzeugung neuer Datenelemente;
A – die *Ausgabe* von Daten
d.h. die Abfrage von Datenbeständen.

Lassen Sie uns die drei Arten von Datenverarbeitung noch etwas genauer beleuchten und illustrieren.

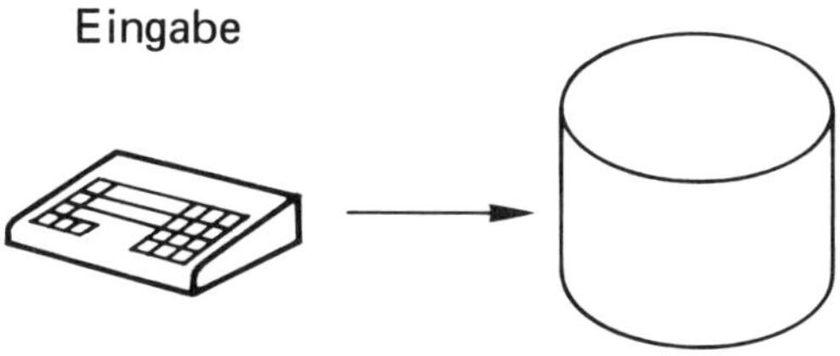

Zur Eingabe und Pflege von Datenbeständen gibt es wiederum drei typische Operationen:

1. Einschub

Gehen wir davon aus, daß die „Ersterfassung“ bereits erfolgt ist, daß also ein Datenbestand schon existiert, z.B. der Bestand „Verkäufer“.

Wissi ist inzwischen auf eine Idee gekommen. Datenverarbeitung mit Computern lohnt sich im Grunde nur ab einer gewissen *Menge* an Daten (wie sich maschinelle Produktion erst ab einer gewissen Stückzahl lohnt). Der ganze Aufwand nur für den privaten Gebrauch, um ein paar Anzeigen auszuwerten? Nein! Wissi hat eine „Gebrauchtwagenbörse“ eröffnet. Anbieter haben ihm ihre Objekte genannt und deren Attribute, die er darüber speichern will. Er hat auch Daten der Verkäufer selbst erfaßt – zumindest ihren *Schlüssel* (das war die Telefonnummer).

Ein neuer Verkäufer hat sich gemeldet:

VERK.	F	NAME	ADRESSE
358766		AUTOMARKT	STERNSTR. 27

Aufgabe der Datenverarbeitung:

```
          |- VERK ------------------------------------------------
          |TELEFON|F|NAME                  |ADRESSE             |
          |------------------------------------------------------
          | 117284|-|AUTO-MAIER            |SONNENALLEE 22      |
          | 334124|X|MERKLE                |HAUPTSTR. 12        |
358766 -->| 411734|X|ADAMSON GMBH          |AM RING 10          |
```

Der neue Satz mit dem Schlüssel 358766 ist (in der Sortierfolge am richtigen Platz) einzuschieben. Was bei der Papiertabelle schwierig bis unmöglich wäre, ist für (im Computer vorhandene) Dateiverwaltungsprogramme *kein* Problem:

> Ein Dateiverwaltungsprogramm schiebt einen Satz mit gegebenen Schlüssel an der richtigen Stelle in den Bestand ein, falls ein gleichartiger Schlüssel noch nicht existiert.

Und das auch dann, wenn noch nicht alle Daten vollständig bekannt sind (wie hier der „Festpreis"). Beim Einschub wird nur geprüft, ob der *Schlüssel* schon vorhanden ist. Gibt es einen gleichen Schlüssel, wird der Einschub nicht vorgenommen.

Nun wird deutlich,

- warum jeder Satz einen *eindeutigen* Schlüssel haben muß,
- warum bei Kombinationsschlüsseln die Daten vom *gesamten* Schlüssel abhängig sein müssen (Regel 2, S. 54).

Schauen wir uns den zweiten Fall noch einmal im Detail an:

In der Tabelle von Seite 48 ist „NR., EXTRAS" ein Kombinationsschlüssel:

```
 ▽                                             ▽
|- AUTO ---------------------------------------------------------------------
|NR.|AUTOTYP    |HUBR| EZ  | TÜV |  KM   |EXTRAS       |PREIS|F|VERK.  |RB|
|----------------------------------------------------------------------------
| A1|TAUNUS     | 1.6|10/77| 4/84| 91000|SONNENDACH    | 3000|-|117282| 5|
| A1|TAUNUS     | 1.6|10/77| 4/84| 91000|RADIO         | 3000|-|117282| 5|
| A1|TAUNUS     | 1.6|10/77| 4/84| 91000|SPORTFELGEN   | 3000|-|117282| 5|
| A2|GRANADA L  | 2.3|11/78|11/84| 80000|CASSETTENRAD  | 5900|X|334124|10|
| A2|GRANADA L  | 2.3|11/78|11/84| 80000|SONNENDACH    | 5900|X|334124|10|
```

Da die vorhandenen Daten selbst nicht geprüft werden, wäre ein Einschub

A1, Taunus, 1.6, *8/76, 3/82, 94000, METALLIC*, ...

formal ein neuer Satz. Er würde wegen der Einzigartigkeit des Schlüssels (A1, METALLIC) akzeptiert, obwohl er drei Datenelemente enthält, die den bisherigen Eintragungen widersprechen.

2. Löschung

In der Datei der angebotenen Autos muß es auch Löschungen geben, denn die Autos, die *verkauft* sind, müssen aus der Datei verschwinden. Auch das geht ganz einfach:

Ein Dateiverwaltungsprogramm löscht einen Satz, dessen Schlüssel bekannt und im Bestand vorhanden ist.

Ist der zu löschende Schlüssel gar nicht vorhanden, so kann er auch nicht gelöscht werden.

3. Änderung

Daten können sich ändern,

– wenn vorher nicht bekannte Daten bekannt werden (z.B. „Festpreis")
– wenn Fehler korrigiert werden (z.B. der Name falsch buchstabiert)
– wenn Änderungen in der Realität stattfinden (z.B. Neue Adresse eines Händlers).

Wer sorgt für die Änderung im Bestand?

Ein Dateiverwaltungsprogramm ändert einen Satz mit bekanntem Schlüssel im Datenbestand, falls ein gleichartiger Schlüssel im Bestand existiert.

Ist ist ein Satz nicht vorhanden, so kann er auch nicht geändert werden.

Die Angabe

VERK.	ADRESSE
334124	NEBENSTR. 18

bewirkt also die Änderung des schon vorhandenen Satzes mit dem Schlüssel 334124.

Kein Datenbestand kann also ohne Schlüssel verwaltet werden!

Die Zweite Art der Datenverarbeitung war

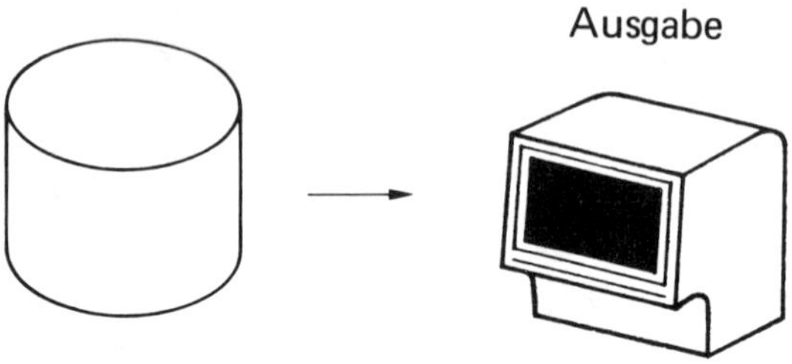

Hier unterscheiden wir drei typische Operationen, zwei einfache und eine etwas kompliziertere.

*1. **Suchen mit Schlüssel***

Ist der Schlüssel bekannt (VERK. /TEL. Nr. = 117284), so stellt das Suchen von Daten im Datenbestand kein Problem dar. Dabei müssen nicht immer *alle* Datenelemente oder Felder des Satzes ausgegeben werden. Oft interessieren den Benutzer nur einige davon, z.B. der Name des Verkäufers.

*2. **Änderung der Ausgabereihenfolge***

Oft wird nicht ein bestimmter Satz gesucht, sondern es werden mehrere Datensätze (im Extremfall sogar der ganze Bestand) ausgegeben. Dabei wird die Ausgabe nicht in der ursprünglichen Reihenfolge gewünscht. Die verlangte Ausgabe ist nicht nach dem Schlüssel, sondern nach anderen Datenfeldern sortiert. Bei der so sortierten Ausgabe können mehrere Datenelemente *„**Sortierkriterium**“* sein.

Ein Beispiel ist wieder unsere Autotabelle:

Wissi möchte sie nicht nach der relativ aussagelosen fortlaufenden Nummer sortiert sehen, sondern z.B. nach dem Preis; die billigsten zuerst. Innerhalb *gleicher* Preise (viele Autos haben ja „runde“ Preise wie 3000,–, 4000,–, 5000,– DM) soll eine Sortierung nach der km-Zahl erfolgen: die weniger gefahrenen Autos stehen oben in der Liste.

*3. **Suchen nach Inhalten***

Das ist die eigentlich wirkungsvollste Art der Ausgabe – wir haben sie schon

anhand von Beispielen im Kap. 1.4 kennengelernt: „Welche Autos haben ein Extra ‚RADIO'"?
Programme, die eine solche Fragestellung erlauben, bezeichnet man als ***„Abfragesprache"***:

> Eine Abfragesprache erlaubt es, die Auswahlkriterien für Sätze aus dem Datenbestand nach den Inhalten von Datenfeldern zu spezifizieren.

„Abfrage*sprache*" wird es genannt, weil die Art der Formulierung ähnlich der menschlichen Sprache sein kann. Stellen Sie sich vor, ein Interessent von Wissis Autobörse ruft an und fragt: „Haben Sie Autos mit einem Hubraum über 1-Komma-5 und einem Preis unter 5000 Mark"?
Es gibt Programme, die dem Benutzer gestatten, ein solches Auswahlkriterium in folgender Art anzugeben:

SUCHE „AUTOS" MIT HUBR ÜBER 1.5 UND PREIS UNTER 5000

Dabei wäre AUTOS der Name der Tabelle (der Datei), HUBR und PREIS die Namen von Datenelementen (Feldern), „1.5" und „5000" die *Inhalte* der Felder, UND eine Verknüpfungsoperation und ÜBER und UNTER Vergleichsoperationen. Das Resultat dieser Abfrage wäre eine Liste von Autos, die diese ***Bedingungen*** erfüllen – ausgegeben entweder in der ursprünglichen Sortierfolge (nach Schlüsseln) oder in einer anderen, vom Benutzer spezifizierten Sortierfolge.
Bei in der Praxis existierenden Abfragesprachen kann vielleicht ein Teil des Auswahlkriteriums aus englischen Wörtern oder Symbolen bestehen:

SELECT „AUTOS" WITH HUBR > 1.5 AND PREIS < 5000

Diese Abkürzungen („<" für UNTER oder KLEINER ALS) sind Ausdrücke, an die man sich gewöhnen sollte. Denn der Computer „versteht" keine natürliche Sprache, sondern interpretiert nur fest vorgegebene, formalen Regeln gehorchende Zeichenkombinationen. Außerdem ist besonders auf die korrekte Schreibweise der Namen und Begriffe zu achten (wie schon auf S. 43 erwähnt).

Eine solche Abfragesprache erlaubt eine äußerst vielseitige und flexible Auswertung von Datenbeständen – vorausgesetzt, sie sind korrekt aufgebaut. Deswegen haben wir uns bei ihrem Entwurf so viel Mühe gegeben, damit solche Fragestellungen sauber beantwortet werden können.

Dritte Art der Datenverarbeitung war die eigentliche

Verarbeitung:

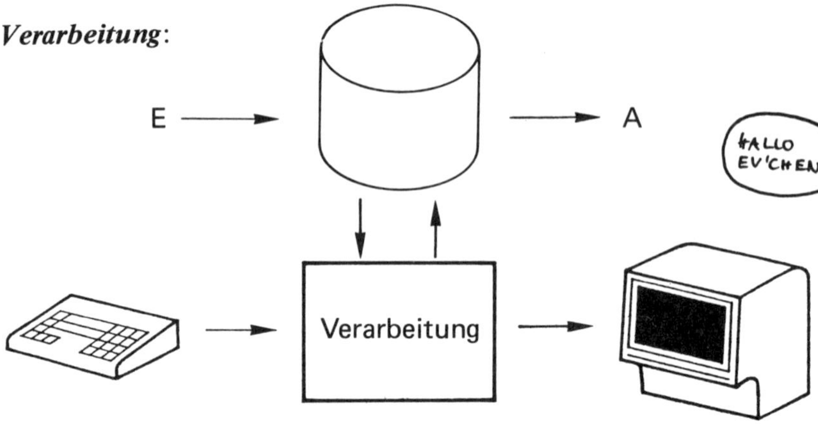

Verarbeitung im engeren Sinne ist die Erzeugung *neuer* Daten aus vorhandenen, wie z.B. im Haushaltsbuch die „Summe der Ausgaben pro Ausgabenart" aus den einzelnen Beträgen.
In unserem zeichnerischen Modell der Datenverarbeitung sehen Sie, daß die Eingabedaten für den Verarbeitungsprozeß entweder aus der Außenwelt (dargestellt durch die Tastatur) oder aus vorhandenen Beständen kommen können. Gleichermaßen werden die bei der Verarbeitung erzeugten Daten entweder nach außen abgegeben (symbolisiert durch den Bildschirm) oder in die Datenbestände abgestellt oder beides.

Hier unterscheiden wir 2 Arten:

– die Verarbeitung von Zahlen und Text-Elementen
– die Verarbeitung von freiem Text, kurz ***„Textverarbeitung"*** genannt.

Wichtig bei der ersten Art ist es zur Vorbereitung der späteren Programmierung, 3 Dinge festzuhalten und zu dokumentieren:

– welches sind die ***zu erzeugenden Daten***?
– welches sind die dazu ***benötigten Daten***?
– welches sind die ***Verarbeitungsschritte***, wie ist der Erzeugungsprozeß?

Für diese Beschreibung machen wir uns die EVA-Darstellung zunutze. Auch hier wollen wir uns wieder ein simples „Formular" entwerfen, in dem wir die Regeln gleich dokumentieren.

EINGABE Benötigte Daten	VERARBEITUNG Erzeugungsprozeß	AUSGABE Erzeugte Daten

Für die praktische Verwendung ist ein solches Formular nach unten durch die Länge einer Seite begrenzt, andernfalls wird es zu unübersichtlich. Schauen wir uns seine Verwendung an einigen Beispielen an:

Haushaltsbuch: Einzelwerte (17.30, 18.40, 23.–) ergeben Summe (58.30)

EINGABE Benötigte Daten	VERARBEITUNG Erzeugungsprozeß	AUSGABE Erzeugte Daten
BETRÄGE (PRO PARTEI)	SUMMIEREN	AUSGABEN- SUMME (PRO PARTEI)

Urlaubsplanung: 500 km mit 100 km/h ergibt 5 Stunden

EINGABE Benötigte Daten	VERARBEITUNG Erzeugungsprozeß	AUSGABE Erzeugte Daten
FAHRSTRECKE (1) GESCHWINDIGKEIT (2)	DIVISION (1) : (2)	FAHRZEIT

Adreßverwaltung: „Maier, Franz" enthält vor dem Komma den Nachnamen

EINGABE Benötigte Daten	VERARBEITUNG Erzeugungsprozeß	AUSGABE Erzeugte Daten
VOLLST. NAME	ENTNEHMEN ALLER ZEICHEN VOR DEM KOMMA	NACHNAME

Beim letzten Beispiel haben wir übrigens Textelemente verarbeitet! Damit kommen wir zu einer besonderen Art der Datenverarbeitung, der ***Textverarbeitung***.

Textverarbeitung nimmt in der Datenverarbeitung eine gewisse Sonderstellung ein. Man versteht darunter im Gegensatz zur Verarbeitung von Datenelementen mit Text-Inhalten (z.B. „Name") die Manipulation *kompletter* Texte: Briefe, Manuskripte, usw. Ein Datenelement im strengen Sinne gibt es dort nicht, es sei denn, man bezeichnet den ganzen Text als 1 Datenelement.

Welche Manipulationsmöglichkeiten von Text gibt es? Sehen wir uns folgenden (noch nicht perfekten) Rohtext an:

```
[1]  Ein solcher Rohtext
[2]  kann ein merkwürdiges Schriftbild haben,
[3]  hat in der Regel eine Zeilennummer (wie hier links),
[4]  das z.b. durch Einfügungen
[5]  Einfügungen
[6]  entstanden ist. Vielleicht enthält er Fehler, vielleicht
[7]  auch besonders gekennzeichnete Zahlenwerte oder Rechenformeln
[8]  wie z.b. das Datum von heute: <DATUM>
[9]
[10] Wichtig ist auch die Möglichkeit zur Einfügung von Textbausteinen,
[11] z.b. das beliebte   "<MFG>".
```

Wie wird ein solcher Text verarbeitet?

1. Vom Benutzer gesteuerte Textverarbeitung

In der einfachsten Form wird der eingegebene Text am Bildschirm präsentiert und vom Benutzer direkt mit Hilfe der Tastatur geändert, z.B. übertippt. Es gibt jedoch ***Textverarbeitungsprogramme***, die durch ein ***Kommando*** des Benutzers am Bildschirm Änderungen am Text vornehmen. Viele dieser Kommandos orientieren sich an der links sichtbaren Zeilennummer. Sehen wir uns einige Kommandos in allgemeiner Form an (überlegen Sie, was deren Anwendung auf den Rohtext bewirkt):

ENTFERNE 5 (die Ziffern bezeichnen immer Zeilennummern)
SCHIEBE 3 HINTER 1
ÄNDERE ALLE ‚z.*b*.' IN ‚z.***B***.'

In der Realität sehen diese Kommandos, die der Benutzer eintippt, etwas anders aus. Wie wir schon bei der „Abfragesprache" gesehen haben, können abhängig vom gewählten Textverarbeitungsprogramm Abkürzungen oder englische Ausdrücke verwendet werden.

Die Wirkung auf den Rohtext ist folgende:

```
[1]  Ein solcher Rohtext
[ .1]hat in der Regel eine Zeilennummer (wie hier links),
[2]  kann ein merkwürdiges Schriftbild haben,
[4]  das z.B. durch Einfügungen
[6]  entstanden ist. Vielleicht enthält er Fehler, vielleicht
[7]  auch besonders gekennzeichnete Zahlenwerte oder Rechenformeln
[8]  wie z.B. das Datum von heute: <DATUM>
[9]
[10] Wichtig ist auch die Möglichkeit zur Einfügung von Textbausteinen,
[11] z.B. das beliebte   "<MFG>".
```

Zeile 5 fehlt, Zeile 3 liegt hinter 1 (und hat eine „Zwischennummer") und alle „z.***b***." sind zu „z.***B***." geworden.

2. Textaufbereitung durch das Textverarbeitungsprogramm

Das Textverarbeitungsprogramm nimmt auch noch eine ***Textaufbereitung*** vor. In unserem Beispiel ist dies das Ausrichten des Schriftbildes und das Ersetzen der Ausdrücke oder Abkürzungen in „< >“ durch die Zahlen oder Texte, die vorher unter diesen Namen definiert und gespeichert wurden. Das Resultat wäre in unserem Fall:

```
[1]  Ein solcher Rohtext hat in der Regel eine Zeilennummer (wie hier
[2]  links), kann ein merkwürdiges Schriftbild haben, das z.B. durch
[3]  Einfügungen entstanden ist. Vielleicht enthält er Fehler, vielleicht
[4]  auch besonders gekennzeichnete Zahlenwerte oder Rechenformeln wie z.B.
[5]  das Datum von heute:  3. 2.1983
[6]
[7]  Wichtig ist auch die Möglichkeit zur Einfügung von Textbausteinen,
[8]  z.B. das beliebte   "Mit freundlichen Grüßen".
```

Sie sehen: DATUM wurde ersetzt durch das Tagesdatum, MFG durch den Textbaustein „Mit freundlichen Grüßen“.
Weitere Leistungen von Textverarbeitungsprogrammen sind in Briefen oder Rechnungen das Ersetzen von Abkürzungen durch den vollständigen Begriff, das Einsteuern von Adressen in den Briefkopf aus vorhandenen Adreßdateien, das Rechnen mit im Text vorkommenden Zahlenwerten (z.B. die Addition der Mehrwertsteuer zum Rechnungsbetrag).
Textverarbeitungsprogrammen sind kaum Grenzen gesetzt: sie können eine automatische Silbentrennung am rechten Rand vornehmen, damit bei langen Wörtern der Text rechts nicht so „flattert“. Sie können durch Einstreuen von Leerstellen in den Zeilen erreichen, daß auch der rechte Rand gerade ist („Blocksatz“). Sie können im Text selbst eingestreute Kommandos interpretieren und ausführen, z.B. das Kommando „NEUE SEITE“. Sie können jedes einzelne Wort gegen ein gespeichertes Wörterbuch vergleichen und so Tippfehler entdecken. Sie können ...

1. In welche 3 Arten kann man die Tätigkeit der Datenverarbeitung grob unterteilen?

   ______________________________, kurz: ____________
   ______________________________, kurz: ____________
   ______________________________, kurz: ____________

2. Welches sind die 3 wesentlichen Operationen bei der Pflege von Datenbeständen?

   __________, ____________ und __________ von Datensätzen

3. Was ist eine „Abfragesprache"?

   ____

4. Welche 3 Sachverhalte dokumentieren Sie (am besten formularmäßig) bei der Datenverarbeitung im engeren Sinne?

   – die ______________________________
   – die ______________________________
   – die ______________________________

5. Was ist „Textverarbeitung"?

   ____

Drei Arten von Datenverarbeitung (im weiteren Sinne) gibt es:

- „Eingabe“ = Pflege von Datenbeständen
- „Ausgabe“ = Abfrage von Datenbeständen

und die eigentliche

- „Verarbeitung“ = Erzeugung neuer Datenelemente im Datenbestand.

Für die ersten beiden Arten kann man allgemeingültige „Dateiverwaltungsprogramme“ und „Abfragesprachen“ verwenden, da die dort vorkommenden Operationen mehr oder weniger immer wieder dieselben sind (z.B. Einschub eines Satzes mit einem noch nicht vorhandenen Schlüssel am richtigen Platz).

Die – von Anwendung zu Anwendung stark unterschiedliche – „eigentliche“ Datenverarbeitung bewirkt das Erzeugen von neuen Informationen. Sie haben in diesem Kapitel gelernt, daß Sie dafür 3 Dinge klären müssen:

1. welche Datenelemente sind zu erzeugen?
2. wie kann man den Erzeugungsprozeß präzise beschreiben?
3. welche Datenelemente werden dafür benötigt?

Für die sog. „Textverarbeitung“, d.h. für die Manipulation von größeren Texten, gelten diese Fragestellungen nur beschränkt.

Kapitel 2.2

Die Gliederung der Anwendung

> Voraussetzung für die Planung von Anwendungsprogrammen ist eine klare Gliederung der Anwendung.

Mit „***Anwendung***" bezeichnet man im allgemeinen eine Menge von zusammengehörigen Tätigkeiten, ein Arbeitsgebiet. In einem Unternehmen gibt es z. B. Anwendungen mit dem Namen „Lohn und Gehalt", „Materialwirtschaft", „Lagerhaltung", „Finanzbuchhaltung", „Depotverwaltung", „Lieferantenstatistik", „Heizungsauslegung", usw.

Das, was man als „*eine* Anwendung" definiert und umreißt, ist jedoch eine willkürliche Festlegung. Es sollte berücksichtigt werden, daß diese nicht zu umfangreich, aber auch nicht zu klein ist.

In Wissis Fall wäre die Anwendung beispielsweise so definiert:
„Führen und Auswerten eines Gebrauchtwagenbestandes" oder kürzer „Gebrauchtwagenbörse". Dieses Arbeitsgebiet wäre damit deutlich abgegrenzt gegen ein weiteres, das wir auch schon kennen: die Anwendung „Haushaltsbuch". Anwendungen haben in der Regel einen solchen Umfang, daß man sie nicht mit einem Blick erfassen kann. Es ist daher unerläßlich, eine Anwendung zu gliedern, um zu kleineren und *überschaubaren* Teilen zu gelangen. Aus diesen kleinen Teilen werden schließlich Programme oder Programmteile ... aber so weit sind wir noch nicht.

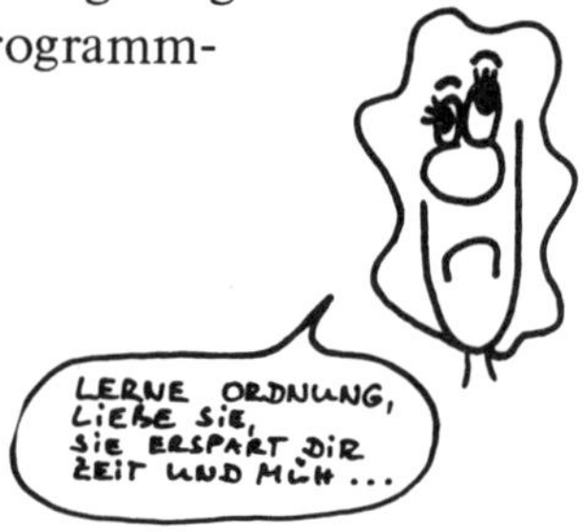

So wie wir vor dem Aufbau von Datenbeständen erst einmal Systematik und Ordnung in die Zusammenhänge gebracht haben, so müssen wir *vor* der Programmierung eine ***Gliederung der Anwendung*** vornehmen.

Nach den im Kapitel 2.1 vorgestellten „3 Arten der Datenverarbeitung" gliedern wir Wissis Anwendung „Gebrauchtwagenbörse" in 3 Tätigkeitsgruppen:

- Die ***Pflege*** der Datenbestände ... wird durchgeführt, wenn eine Änderung von Daten bekannt wird (Zugang, Abgang, Änderung im eigentlichen Sinne);
- die ***Auswertung*** der Datenbestände ... wird vorgenommen, wenn neue Ergebnisse erzeugt werden sollen, die in die Datenbestände einfließen und/ oder von außen benötigt werden;
- die ***Abfrage*** der Datenbestände ... wird ausgelöst durch die Anfrage eines Interessenten.

Diese *grobe* Gliederung der Anwendung „Gebrauchtwagenbörse" kann man zeichnerisch als „Kuchendiagramm" darstellen:

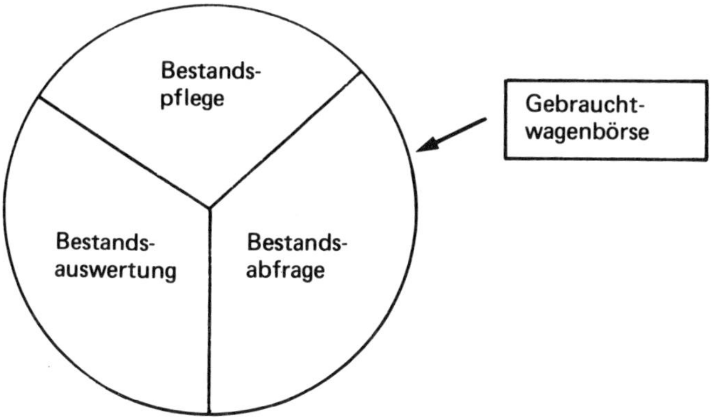

Für eine weitere Untergliederung der Anwendung „Gebrauchtwagenbörse" erweist sich das „Kuchendiagramm" als zu unübersichtlich, denn es müßten weitere Unterteilungsstriche *in* das Diagramm hineingezeichnet werden. Es muß eine andere Art der Darstellung gefunden werden. Eine bessere graphische Darstellung ist die eines Stammbaumes, die sogenannte „Baumstruktur". Diese „Baumstruktur" läßt eine vielfältige Untergliederung zu.

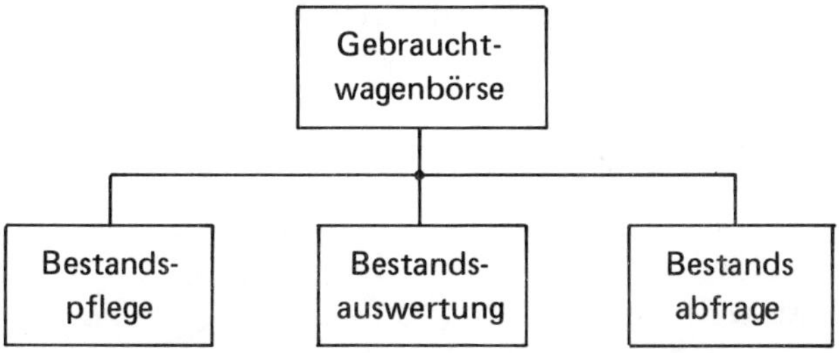

Diese Darstellung ist (wie das Kuchendiagramm) folgendermaßen zu interpretieren: die Anwendung „Gebrauchtwagenbörse" besteht aus den Hauptteilen „ Bestandspflege", „Bestandsauswertung" und „Bestandsabfrage".

Sie sehen, daß eine weitere ***Verfeinerung der Gliederung*** bei einer Baumstruktur zeichnerisch leicht realisiert werden kann.

Nach welchen Punkten könnte nun weiter untergliedert werden? Hier nutzen wir die bei der Datenanalyse geleistete Vorarbeit: für die nächste Gliederungsebene benutzen wir die schon bekannten ***Objekttypen***. Erinnern Sie sich noch (nachzuschlagen auf S. 24 ff)? In dieser Anwendung sammelt Wissi

Daten über die Objekttypen „Auto“ und „Verkäufer“. Um die Anwendung gedanklich etwas anzureichern, wollen wir annehmen, daß er auch noch Daten über „Interessenten“ speichert, z.B. ihre Telefonnummer als Schlüssel, ihren Namen, ihre Anschrift, ihre Wünsche (z.B. Marke, Preisgrenze, usw.).

Wie sieht dann die Struktur der Anwendung aus?

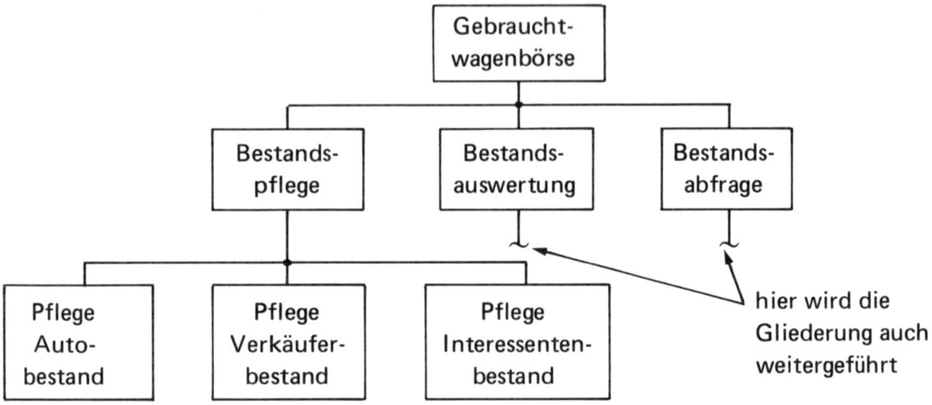

Wann hören wir mit der Zerlegung auf? Wir beenden die Zerlegung dann, wenn die Anwendungsteile so klein und übersichtlich geworden sind, daß man sie mit *einem* Blick überschauen kann. Dafür können wir das auf S. 74 vorgestellte Formular verwenden: „Blatt“ unserer Baumstruktur wird der Inhalt eines Formulares, die Daten und Erzeugungsprozesse, die sich auf *einer* DIN-A-4-Seite dokumentieren lassen.

Bei der Gliederung der Anwendung ist unser Ziel, eine Menge von *überschaubaren* Einzelfunktionen zu erhalten. Bei der Gliederung von verschiedenen Anwendungen ist es ratsam, immer nach den *gleichen* Kriterien vorzugehen, z.B.

– Erste Ebene:

  Unterschiedliche Auslöser, d.h. Ereignisse, welche Verarbeitungsprozesse in Gang setzen. Hier können wir auch unser einfaches „DV-Modell“ aus Kapitel 2.1 nutzen:

Anwendungsteil	*Auslöser*
Datenpflege	Datenänderung ist eingetreten
Datenerzeugung	Ergebnisse werden benötigt
Abfrage	Informationswunsch von außen

– Zweite Ebene

Zerlegung der Anwendungsteile der Ebene 1 bezüglich der betroffenen Objekttypen, also z.B. Pflege der Auto-, Verkäufer- und Interessentenbestände. Es muß geprüft werden, ob in jedem Zweig einer Anwendungsgliederung eine zweite Ebene vorhanden ist. Das gleiche gilt für eine weitere Verfeinerung in tiefere Ebenen. Die Tiefe der Gliederung und die Form des Baumes sind nämlich von Anwendung zu Anwendung unterschiedlich, abhängig vom Umfang und der Komplexität der Anwendung.

Es ist zu erwarten, daß die Teile von Anwendungen, die sich mit Bestandspflege („Eingabe") und Bestandsabfrage („Ausgabe") beschäftigen, relativ wenig verzweigt sind. Warum?

Wir haben schon erwähnt, daß diese beiden Teile verallgemeinert werden können: für eine „Abfragesprache" ist es egal, ob in einem Gebrauchtwagenbestand alle Autos mit einem Preis unter 3000,– DM gesucht werden oder in einem Auftragsbestand alle Aufträge mit einem Wert von über 5000,– DM gesucht werden.
Nur Feldnamen und Feldinhalte der Abfragen unterscheiden sich dabei, nicht aber die Logik der Abfrage: „ Suche alle Sätze, deren Felder einer bestimmten Bedingung gehorchen" (siehe dazu S. 73).

Anders ausgedrückt: Datenpflegeprogramme und Datenabfrageprogramme sind anwendungs*un*abhängig, sie können „standardisiert" werden.

Anwendungs*ab*hängig sind dagegen die Daten*erzeugungs*prozesse, die eigentlich interessierenden Teile einer Anwendungsgliederung. Sie treten als „Blätter" des Gliederungsbaumes in Erscheinung und enthalten die vollständige und korrekte Beschreibung des Erzeugungsprozesses, nämlich

– die erzeugten Daten
– die benötigten Daten
– die Erzeugungsprozesse selbst.

Hierbei empfehlen wir die Verwendung der auf S. 74 vorgestellten „EVA-Formulare".

Wir wollen uns das am Beispiel des Auswertungsteils der „Gebrauchtwagenbörse" ansehen und dafür folgende Annahmen treffen:

– für jedes Auto im Bestand möchte Wissi die km-Jahresleistung und seine Verkaufsprovision errechnen,

und

– für jeden Verkäufer die Zahl und den Wert der von ihm angebotenen Autos.

Wie sieht die Anwendungsgliederung aus?

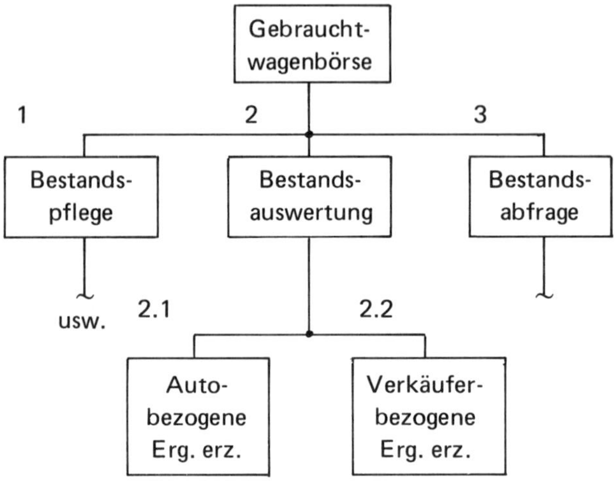

Da Wissi bezüglich der Interessenten *keine* Ergebnisse erzeugen will, erscheinen sie natürlich nicht in der Anwendungsgliederung.

Hinter den „Blättern" des Gliederungs-Baumes verbirgt sich je ein „EVA-Formular".

(2.1) AUTO - BEZ. ERGEBNISSE ▽ PRO AUTO

EINGABE Benötigte Daten	VERARBEITUNG Erzeugungsprozeß	AUSGABE Erzeugte Daten
LAUFLEISTUNG (1) ALTER (2)	DIVISION (1) ÷ (2)	KM-JAHRESLEISTUNG
PREIS (3) PROVISIONSSATZ 1 (4) PROVISIONSSATZ 2 (5) FESTPREIS	WENN FESTPREIS DANN (3) × (4) ÷ 100, SONST (3) × (5) ÷ 100	VERKAUFS- PROVISION

Dabei haben wir angenommen, daß für Autos mit Festpreis ein anderer Provisionssatz (in %) gilt als für Autos ohne Festpreis.

Entsprechend sieht das EVA-Formular für die Erzeugung der verkäuferbezogenen Daten aus:

(2.2) VERKÄUFER - BEZ. ERGEBNISSE ▽ PRO VERKÄUFER

EINGABE Benötigte Daten	VERARBEITUNG Erzeugungsprozeß	AUSGABE Erzeugte Daten
AUTO - NR. (PRO VERK.)	ZÄHLE	ZAHL DER AUTOS
EINZELPREIS DER AUTOS (PRO VERK.)	SUMMIERE	WERT DER AUTOS

Wie gehen wir also *vor* der Programmierung, aber *nach* der Planung der Datenbestände an eine Anwendung heran?

1. Grobgliederung der Anwendung

Die Anwendung wird in folgende drei Teile zerlegt:

- Datenpflege
- Datenerzeugung
- Datenabfrage.

2. Feingliederung der Anwendung

Die Hauptteile werden (z.B. nach den aus der Datenanalyse bekannten Objekttypen) weiter gegliedert, bis so kleine und überschaubare Teile vorliegen, daß die

- erzeugten Daten
- benötigten Daten
- Erzeugungsprozesse

eines Anwendungsteiles auf *einem* Blatt des „EVA-Formulares" beschrieben werden können.

3. Klärung der Erzeugungsprozesse

Das EVA-Formular für jedes „Blatt" des Gliederungsbaumes ist auszufüllen.

Das bedeutet:

- *erzeugte* Datenelemente benennen (Ausgabe-Säule);
- *benötigte* Datenelemente benennen (Eingabe-Säule);
- *Erzeugungsprozesse* präzise beschreiben (Verarbeitungs-Säule).

1. Welches Ziel verfolgen wir bei der Gliederung der Anwendung?

   Ziel der Gliederung ist es, ______________________________

2. Nach welchen Gesichtspunkten wird eine Anwendung in Hauptgruppen (auf der 1. Ebene) zerlegt?

   Auf der 1. Ebene wird gegliedert nach ______________________

3. Nach welchen Gesichtspunkten werden die Hauptgruppen (1. Ebene) auf der 2. Ebene zerlegt?

   Auf der 2. Ebene wird gegliedert nach ______________________

4. Kann eine Anwendungsgliederung mehr als 2 Ebenen haben?

   ja / nein

5. Wo werden Erzeugungsprozesse für Datenelemente beschrieben und auf welcher Ebene der Gliederung sind diese Beschreibungen zu finden?

   Erzeugungsprozesse werden in __________________ beschrieben; es gibt sie für die ______________ Ebene der Anwendungsgliederung.

Die Gliederung einer Anwendung macht ihren prinzipiellen Aufbau sichtbar und führt zu überschaubaren Teilen, die für sich alleine (d.h. isoliert) betrachtet und untersucht werden können.

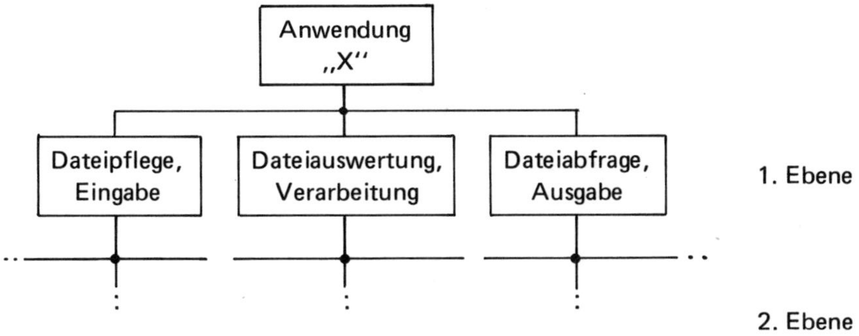

Auf der 2. Ebene wird in der Regel nach den unterschiedlichen Objekttypen (bzw. ihren Daten) gegliedert.

Sie haben in diesem Kapitel gelernt, die Gliederung so weit voranzutreiben, bis Tätigkeiten der Datenverarbeitung sichtbar werden, die sich auf 1 „EVA-Formular" (erzeugte Datenelemente, benötigte Datenelemente, Erzeugungsprozesse) beschreiben lassen.

Kapitel 2.3

Wie Sie ein Programm konstruieren

> Ein „Programm" ist die Beschreibung der geplanten Folge von Verarbeitungsschritten im Computer. Programme werden aus wenigen einfachen Bausteinen zusammengesetzt.

Die *Vorarbeiten* für das Programmieren sind nun geleistet. Wie beim Bau eines Hauses, das auch erst geplant werden muß, haben wir zuerst geklärt:

- mit *welchen* Gegenständen haben wir es zu tun?
  Bei Computer-Anwendungen waren das die Objekttypen und ihre Datenelemente.
- *was* sollen wir mit ihnen machen?
  Bei Computer-Anwendungen: die Datenverarbeitungs-, speziell Datenerzeugungsprozesse.

Erst *nach* diesen Vorarbeiten kann die Herstellung des Produktes „Programm" erfolgen.

Was verstehen wir überhaupt unter einem ***Programm***?
Ganz allgemein ist ein Programm eine geplante Folge von Aktionen – sei es das Fernsehprogramm, ein Theaterprogramm oder das Programm einer Veranstaltung.
Genau dies gilt auch für das Computerprogramm im engeren Sinne:

> Ein Programm ist die Beschreibung der geplanten Folge von Verarbeitungsschritten.

Wissi, der Autofan, ist Mitglied in einem Autosportverein. Dort werden auch Rennen veranstaltet – keine offiziellen Rallyes, aber Geschicklichkeitsfahrten, Schnitzeljagden usw. Nach einer solchen Veranstaltung ist nun ein Vereinsabend geplant. Dafür soll Wissi das Programm entwerfen. Er hat sich folgendes überlegt und schon in eine ordentliche Form gebracht:

AutoSportVerein

PROGRAMM
===============

19.00 Begrüßung durch den Gastgeber
19.15 Begrüßung durch den Präsidenten
19.30 Siegerehrung
20.30 Geselliger Teil:
- Essen (Buffet bzw. bei schönem Wetter Grill im Garten)
- Tanz

Der neue Sportwart, der die Siegerehrung vornehmen soll, ist mit ihrem Ablauf noch nicht so vertraut. Für ihn muß Wissi deren Ablauf genau beschreiben. Es ist im ASV z.B. üblich, einer Anzahl „erster Sieger“ Preise zu überreichen und auch einige „Schlußlichter“ mit Trostpreisen zu bedenken. Deswegen sieht das Programm für den Sportwart wie folgt aus:

AutoSportVerein

PROGRAMM einer SIEGEREHRUNG

1. Nenne Ort, Zeit und Art des Rennens
2. Für jeden „Sieger“:
   - falls „erster Sieger“: Trophäe + Lob
   - falls „Schlußlicht“: Trostpreis
3. Dank an Organisations-Ausschuß
4. Bekanntgabe des nächsten Rennens

Im Prinzip sieht ein Computerprogramm genauso aus – nur, daß die informelle, dem Menschen verständliche Formulierung durch formale Elemente ersetzt werden muß, die die Maschine „Computer“ analysieren kann.

Wir erkennen an unserem Beispiel die wesentlichsten ***Bausteine*** oder Elemente eines Computerprogrammes:
Eine einzelne Aktion, ein einzelner Verarbeitungsschritt ist ein solcher Baustein, z.B.

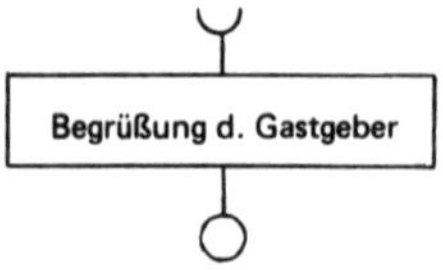

Jeder Baustein ist mit dem darauf folgenden gekoppelt:

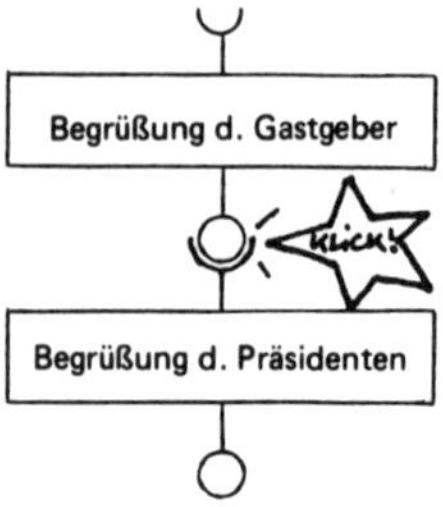

Man kann die Folge zweier Bausteine wieder als *einen* Baustein betrachten, also Bausteine ineinander ***schachteln***.

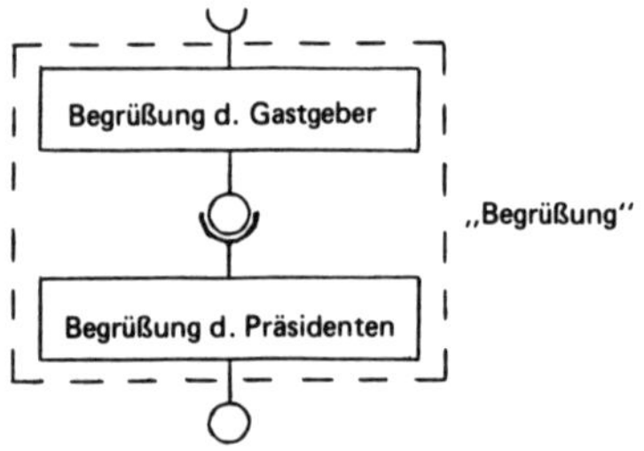

Wissis Abendprogramm beginnt also mit einer Folge oder ***„Sequenz"*** von 2 einfachen Bausteinen. Für den dritten, die „Siegerehrung", gibt es eine Art ***„Unterprogramm"***, in dem dieser Baustein ist seinem internen Ablauf noch weiter detailliert ist.
Der „Gesellige Teil", der 4. Baustein im Programm, ist besonders interessant. Erstens besteht er aus 2 Teilen und illustriert noch einmal das „Schachtelungsprinzip":

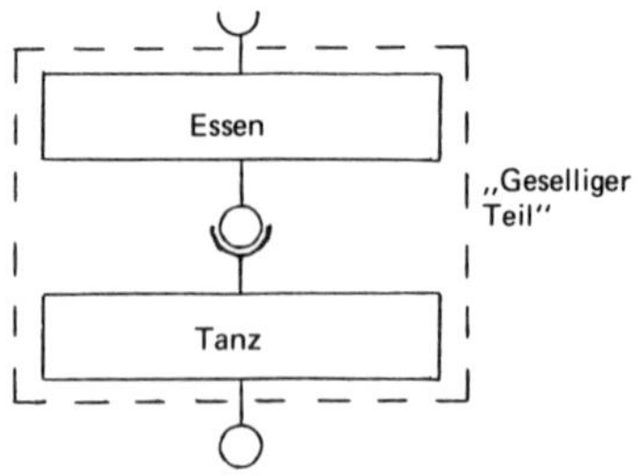

Zweitens – und das ist neu – besteht er aus 2 ***Alternativen***: der Teil „Essen“ hat zwei *unterschiedliche* Formen, abhängig von einer ***Bedingung*** (dem Wetter). Anders gesagt: der Programmteil „Essen“ läuft unterschiedlich ab, je nachdem, ob die Bedingung „schönes Wetter“ erfüllt ist oder nicht.
Zeichnerisch können wir das etwa so darstellen:

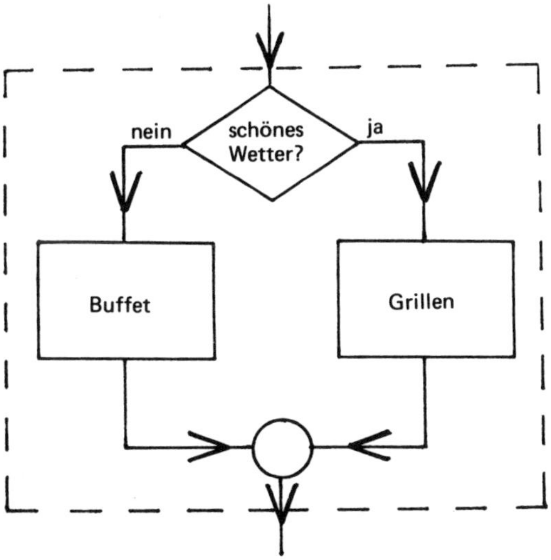

Das salmiakpastillenähnliche Symbol stellt eine „Weiche“ dar, eine ***Verzweigung*** im Ablauf der Verarbeitungsschritte, den wir hier durch die Pfeile verdeutlicht haben.
Ist die Bedingung „schönes Wetter“ erfüllt, so läuft die Verarbeitung durch den Teil „Grillen“, andernfalls durch den Teil „Buffet“.

Ein Sonderfall liegt vor, wenn eine der Alternativen fehlt.

Verdeutlichen wir dies an dem „Abend-Programm“ unter der Annahme, daß der Saal für ein „Buffet“ zu klein ist, so daß bei schlechtem Wetter kein Essen angeboten wird. Hierbei wird der Schritt „Grillen“ übersprungen.

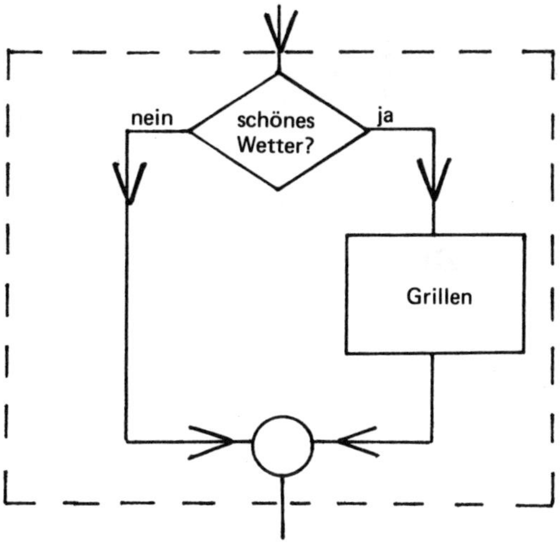

Neben dem Sequenz-Baustein und dem Alternativ-Baustein gibt es noch einen dritten: die *„**Wiederholung**“* oder *„**Schleife**“*. *Jeder* Sieger wird genannt, d.h. die Nennung und Auszeichnung eines Siegers wird solange wiederholt, wie noch ungenannte Sieger da sind.
Zeichnerisch sieht das so aus (auch hier wieder Pfeile zur Verdeutlichung des Ablaufes):

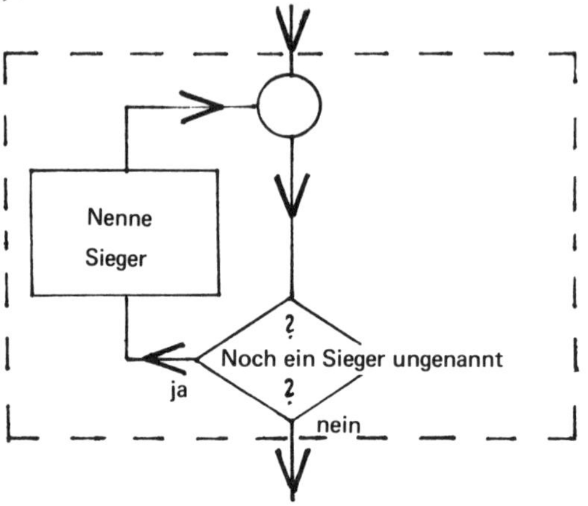

Intern im Baustein ist die Schleife durch eine Verzweigung, genauer durch eine „Rückverzweigung“ realisiert. Dabei „springt“ der Programmablauf zu einem Punkt zurück, der schon einmal durchlaufen wurde.

Die 3 Baustein*typen*, die wir kennengelernt haben, sehen als (abstraktes) Gerüst folgendermaßen aus:

1. SEQUENZ

(ERST)	Aktion 1
(DANN)	Aktion 2

*)

2. ALTERNATIVE

WENN	Bedingung
DANN	Aktion 1
SONST	Aktion 2

3. WIEDERHOLUNG (SCHLEIFE)

WIEDERHOLE solange Bedingung erfüllt
Aktion

Mit diesen Bausteinen kann die ***Logik*** jedes noch so komplizierten Programms beschrieben werden.

*) Die Wörter ERST und DANN können entfallen.

Zeigen wir sie noch einmal mit einer anderen Zeichentechnik:

1. SEQUENZ

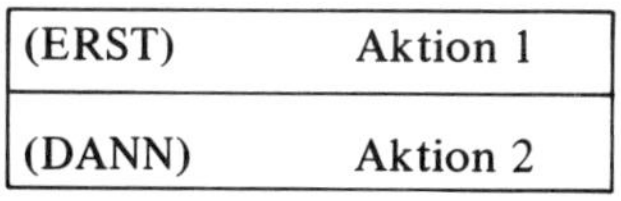

*)

2. ALTERNATIVE

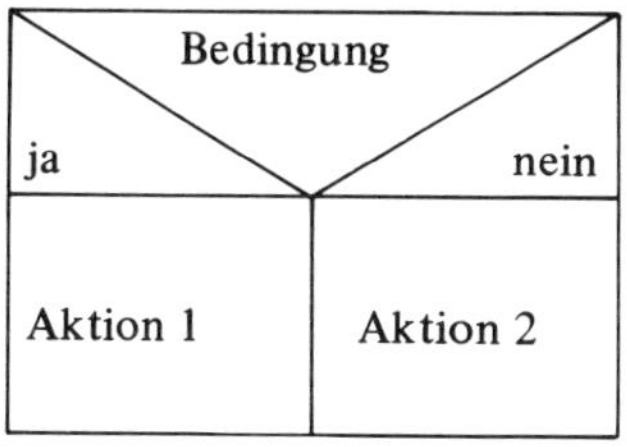

3. WIEDERHOLUNG (SCHLEIFE)

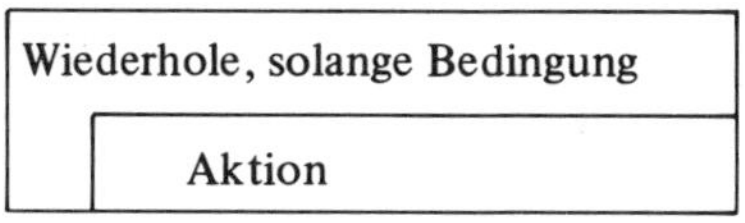

Die ***graphische Darstellung*** ist zwar sehr klar und übersichtlich, beansprucht aber im praktischen Gebrauch zu viel Zeit. Weniger zeitaufwendig ist eine Darstellung ohne alle graphischen Elemente, die wir Ihnen jetzt vorstellen wollen. Sie hat außerdem den Vorteil, daß man die so dokumentierte Programmlogik zusammen mit dem Programm selbst (das ja auch aus Text besteht) im Computer speichern kann, so daß bei späteren Änderungen im Programm die Ablauflogik sofort ersichtlich ist und mit geändert werden kann.

Schauen wir uns den prinzipiellen Ablauf zusammen mit einem Beispiel an:

Prinzip	*Beispiel*
1. SEQUENZ	
Aktion 1	Begrüßung durch den Gastgeber
Aktion 2	Begrüßung durch den Präsidenten
2. ALTERNATIVE	
WENN Bedingung	WENN schönes Wetter
DANN	DANN
Aktion 1	Grillfest
SONST	SONST
Aktion 2	Buffetessen
ENDE	ENDE

*) Die Wörter ERST und DANN können entfallen

Prinzip	*Beispiel*
3. SCHLEIFE	
WIEDERHOLE SOLANGE Bed.	WIEDERHOLE SOLANGE Sieger ungen.
Aktion	Nenne Sieger
ENDE	ENDE

Hier können wir noch eine Variante der Schleife nachtragen, nämlich das „WIEDERHOLE BIS". Wir zeigen diese Schleifenvariante gleich in allen 3 Darstellungsformen:

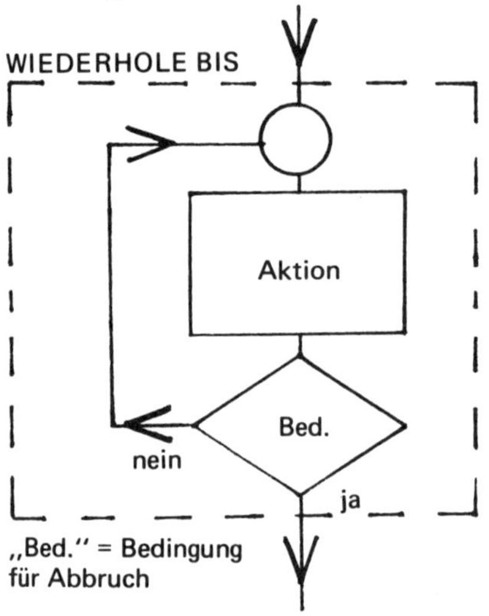

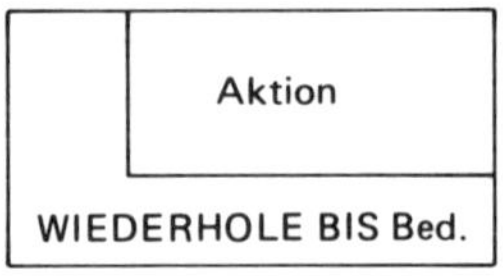


```
WIEDERHOLE BIS Bed.
    Aktion
ENDE
```

Sehen Sie einen ***Unterschied*** im Ablauf zwischen „BIS-Schleife" und „SOLANGE-Schleife"?

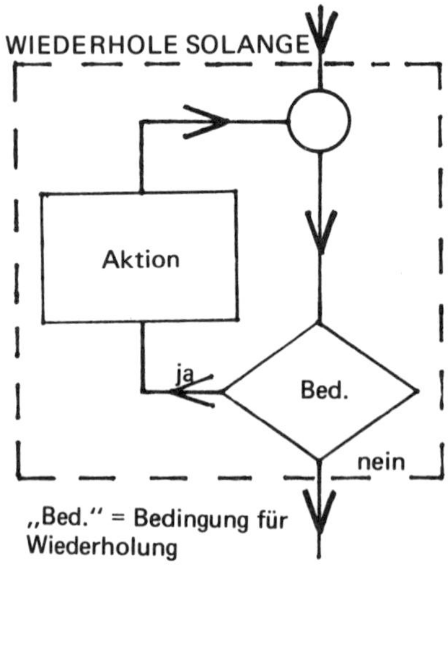

Bei der „BIS-Schleife“ wird zuerst die Aktion durchgeführt und dann die Bedingung geprüft. Selbst wenn die Bedingung schon beim Eintritt in die Schleife erfüllt war, wird die Aktion ausgeführt, also mindestens 1 Mal. Das ist bei der „SOLANGE-Schleife“ nicht der Fall – dort wird evtl. die Aktion gar nicht durchgeführt.

Kommen wir noch einmal auf die Darstellung der Programmbausteine *ohne* graphische Elemente zurück: Hier ist im Gegensatz zu den Zeichnungen auf S. 92 noch das Wort ***ENDE*** hinzugekommen. Warum?
Verdeutlichen wir uns dies an dem folgenden Beispiel, einer Sequenz aus „Alternative“ und einfachem Baustein:

mit Kasten	ohne Kasten
WENN Bedingung DANN Aktion 1 SONST Aktion 2	WENN Bedingung DANN Aktion 1 SONST Aktion 2
Aktion 3	Aktion 3

Sie sehen, daß die rechte Form nicht eindeutig ist. Die „Aktion 3“, einfacher Baustein *nach* der „Alternative“, könnte ebenso als Baustein *innerhalb* des SONST-Zweiges interpretiert werden, was in der Darstellung mit Kasten so aussähe:

WENN Bedingung DANN Aktion 1 SONST Aktion 2 Aktion 3

Das Wort ENDE macht die Sache eindeutig:

WENN Bedingung
DANN
Aktion 1
SONST
Aktion 2
ENDE
Aktion 3

Schauen wir uns noch einmal das Siegerehrungs-Beispiel in der Darstellung ohne graphische Elemente an, um die Schachtelung von Bausteinen zu illustrieren. Das Einrücken und die senkrechten Striche erhöhen zusätzlich die ***Lesbarkeit*** der ***Programmlogik***:

```
UNTERPROGRAMM Siegerehrung
Nenne Renndaten
WIEDERHOLE SOLANGE Sieger ungenannt
|       WENN erster Sieger
|       DANN
|       |       Spende Trophäe + Lob
|       SONST
|       |       Trostpreis
|       ENDE
ENDE
Danke Organisationsausschuß
Bekanntgabe nächstes Rennen
```

In Schleife geschachtelte Alternative, danach eine Sequenz

Das ist nun nach der Erarbeitung der Anwendungsgliederung und der Klärung der Datenerzeugungsprozesse der nächste Schritt der Entwicklung von Anwendungen:

1. Planung der Programme

Wir legen fest, welche Teile unserer Anwendung wir als *ein* Programm zusammenfassen wollen. Sicher werden *die* Teile einer Anwendung, die aufgrund *unterschiedlicher **Ereignisse*** ausgeführt werden, voneinander unabhängige Programme werden. Bei der „Gebrauchtwagenbörse" hätten wir also ein Datenpflegeprogramm, ein Anwendungsprogramm, ein Abfrageprogramm.*)

2. Planung der Unterprogramme

Wir legen fest, welche Teile des Programms so umfangreich einerseits und so detailliert andererseits sind, daß wir sie lieber getrennt betrachten. Auch hier gilt für eine „realistische" Größe der Programmlogik: *ein* Blatt ist noch überschaubar.

3. Planung der Ablauflogik

Wir benutzen die Programmbausteine, um die Logik des Ablaufes im Programm zu überlegen und zu dokumentieren, so daß wir bei späteren Ände-

*) Diese Ereignisse nennt man auch „Auslöser" (vergl. Kap. 2.2).

rungen leicht erkennen können, wie unser Programm abläuft. Dabei wird nur die ***Logik*** aufgeschrieben, und keine detaillierten Rechenformeln o.ä.

Also z.B.

WENN Festpreis
DANN Provision mit Satz 1
SONST ...

und *nicht*

WENN Festpreis
DANN Provision = (Preis x Provisionssatz 1)/100
SONST ...

Ein „Ex-und-hopp“-Programm kann jeder schreiben – so wie jeder ein Vogelhäuschen bauen kann. Aber ein Produkt herzustellen (ob Haus oder Programm), das einen komplexen Zweck sinnvoll erfüllt *und* in dem später noch einzelne Bestandteile auffindbar und ***änderbar*** sind, das bedarf sorgfältiger Vorarbeit. Darauf werden wir in Abschnitt 3 noch eingehen.

Wie fein und detailliert wir einen Programmablauf planen, hängt u.a. von Gegebenheiten der Programmiersprache und der Dateiorganisation ab. Bei sequentiellen Dateien (z.B. auf Cassette*) wird das Einfügen eines neuen Datensatzes sicher anders ablaufen als bei direkt organisierten Dateien (z.B. Disketten*), da Einfügungen auf Bändern nur durch Kopieren und Anfügen vorgenommen werden können.

Ein Beispiel soll Ihnen die Logik eines kleinen Programms illustrieren, das die auf dem EVA-Formular (S. 84) gezeigten Verarbeitungsregeln abbildet.

Dort waren Rechenergebnisse ***„pro Auto“*** zu erzeugen, d.h. je ein Satz von Datenelementen (nämlich „km-Jahresleistung“ und „Verkaufsprovision“) ist für jedes Auto im Bestand zu errechnen. Das bedeutet, daß ***jeder Datensatz*** aus dem Auto-Bestand gelesen werden muß.

Wir schauen uns zuerst den vollständigen Programmplan an und gehen ihn dann Schritt für Schritt durch:

```
Programm "Autobestand auswerten"
Lies Auto-Datensatz (ersten)
WIEDERHOLE SOLANGE Auto-Datensatz vorhanden
|     Errechne Jahresleistung
|     WENN  Festpreis
|     DANN
|     |      Provision mit Satz 1
|     SONST
|     |      Provision mit Satz 2
|     ENDE
|     Lies Auto-Datensatz (nächsten)
|     * Anm.: das verändert Bed. "Datensatz vorh."
ENDE
```

*) siehe Anhang

Sie sehen die Beschränkung auf die Ablauf*logik* – die konkreten Rechenformeln sind hier nicht dokumentiert, denn sie stehen ja schon auf dem Formular.

Wichtig in diesem Programm sind zwei Dinge:

Der „Alternativ"-Baustein („Festpreis ja/ nein") und die ***Schleife***, um *alle* Auto-Sätze von der Datei korrekt zu erfassen.

Schauen wir uns noch einmal die „SOLANGE-Schleife" intern an:

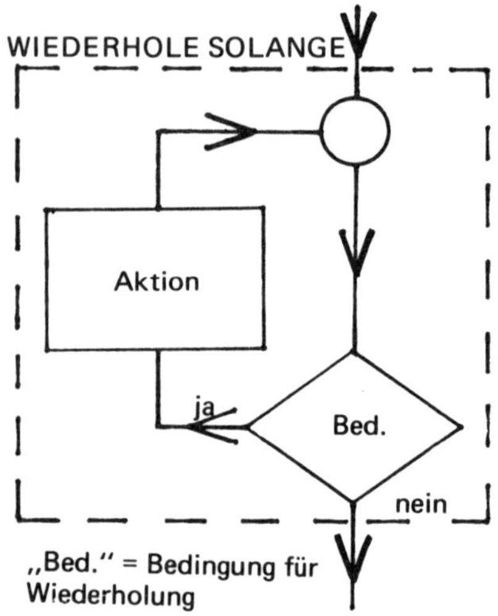

Sie sehen, daß beim Durchlaufen der Schleife (von oben nach unten) zuerst die Bedingung geprüft wird, ob überhaupt etwas zu tun ist, oder ob die Bedingung nicht erfüllt ist, so daß die Schleife sofort verlassen wird. Deswegen muß in diesem Programm *vor* der Schleife ein Lese-Befehl für die Auto-Datei stehen. Graphisch dargestellt:

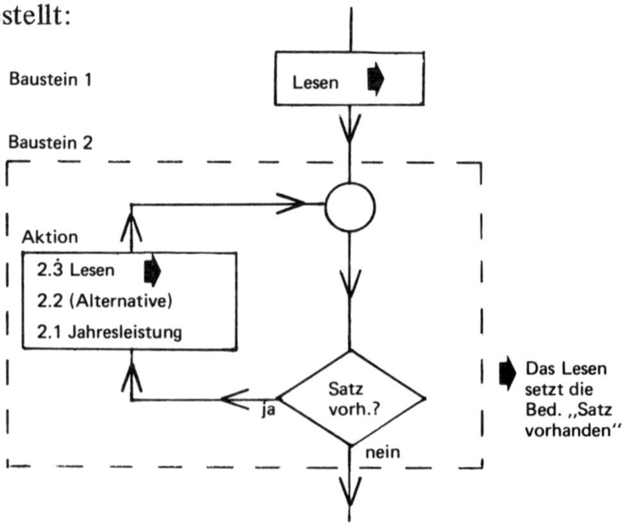

Der Lesebefehl liefert uns den ersten Datensatz *und* die Bedingung „Satz vorhanden“ bzw. „kein Satz vorhanden“, sollte die Datei im Extremfall leer sein. Diese Bedingung erzeugt die Computer-Software zur Dateiverwaltung ***automatisch*** bei jedem Lesevorgang.
Mit der Bedingung treten wir in die Schleife ein, prüfen sie (im ◇) und durchlaufen die „Aktion“, wenn sie erfüllt ist.

Die Aktion ist alles, was auf Seite 97 zwischen WIEDERHOLE und ENDE steht, also ist dies im wesentlichen die alternative Errechnung der Provision.

Von größter Wichtigkeit ist jedoch das Lesen des nächsten Auto-Datensatzes (Aktion 2.3), das erneut die Bedingung setzt: Ist noch ein Auto-Datensatz vorhanden, wird auf „ja“ gesetzt, haben wir den letzten Satz der Datei verarbeitet, so wird auf „nein“ gesetzt. Danach läuft die Schleife wieder von vorne ab, d.h. die neu gesetzte Bedingung wird geprüft und davon ist abhängig, ob die Schleife entweder verlassen oder die „Aktion“ erneut abgearbeitet wird.

Was würde passieren, wenn das Lesen des (nächsten) Auto-Satzes im Programm vergessen worden wäre?

In diesem Fall hätten wir die berühmte ***Endlosschleife*** produziert, die jedem Programmierer schon einmal unterlaufen ist. Die Bedingung „Satz vorhanden“ wäre durch den ersten Satz erfüllt und würde nie mehr verändert. Somit würde der Computer in der Schleife kreisen und millionenmal mit den gleichen Daten immer wieder dieselbe Provision errechnen, es sei denn, nach einiger Zeit merkt es jemand oder der Computer würde abgeschaltet.

Nun wollen Sie sicher noch die Variante „WIEDERHOLE BIS“ sehen?!
Nichts leichter als das!
Wir können das entsprechende Programm ganz ***systematisch konstruieren*** und zwar mit Hilfe der bekannten Bausteine. Nur ist auch hier wieder ein kleiner Fallstrick eingebaut.

Wie war das Prinzip?

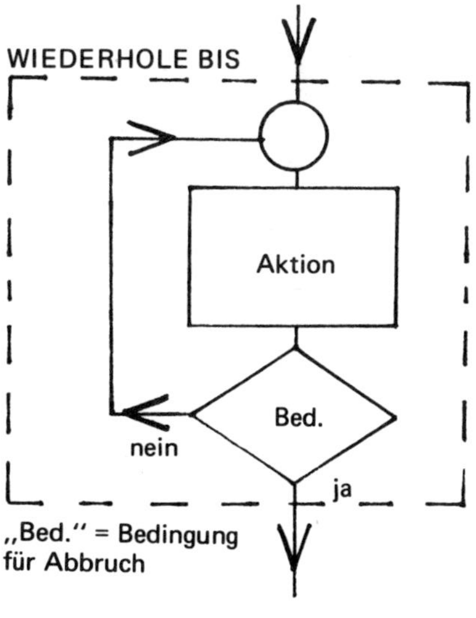

Wie muß die Bedingung lauten?
Die Schleife wird beendet, wenn beim Leseversuch kein Datensatz mehr gefunden wird, kurz: beim Dateiende*).

Vor der Bedingungsabfrage muß als erster Schritt der „Aktion“ gelesen werden:

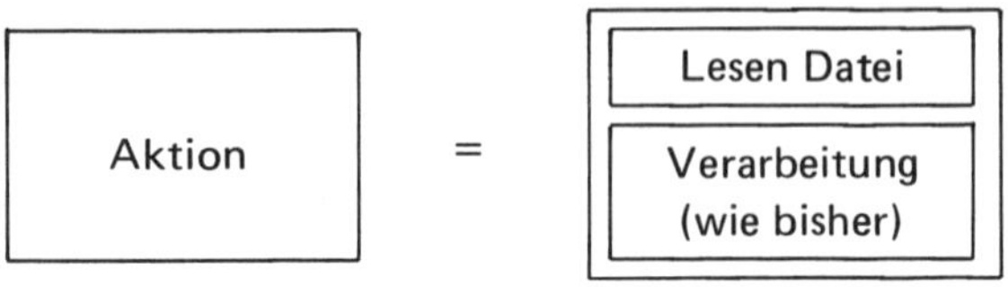

Den Verarbeitungsteil brauchen wir nicht weiter zu analysieren, denn daran ändert sich ja nichts mehr.

Das Lesen der Datei stellt für die nachfolgende Verarbeitung die gelesenen Daten (z.B. Autotyp, Preis, km-Leistung, Festpreis usw.) zur Verfügung – nach jedem Lesevorgang einen neuen Datensatz. Welche Daten werden geliefert, wenn der Leseversuch die Bedingung „kein Satz mehr“ oder kurz „Dateiende“ zur Folge hatte? Es werden *keine* Daten mehr zur Verfügung gestellt. Demzufolge darf in dem (einen) Fall die nachfolgende Verarbeitung *nicht* mehr stattfinden, denn sie würde ja keine Ergebnisse mehr produzieren. Also sieht „Aktion“ intern so aus:

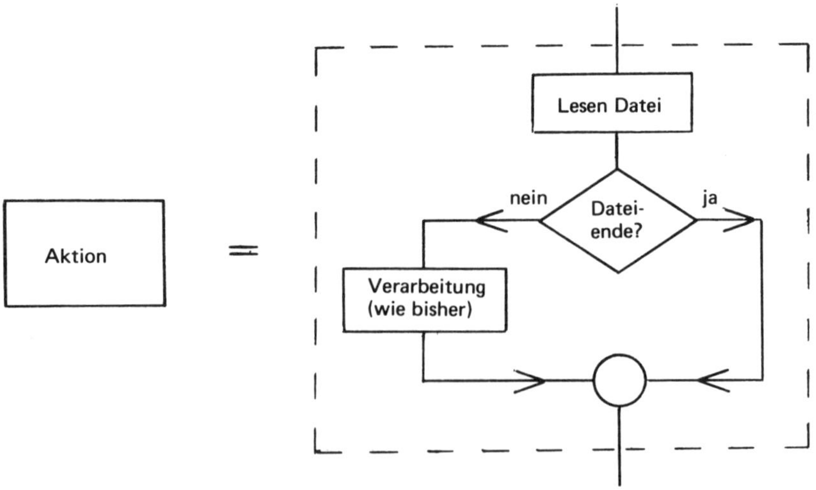

*) Engl. End of File (EOF)

Schreiben wir uns gleich das vollständige Programm in unserer „Planungssprache“ auf:

```
Programm "Autobestand auswerten"
WIEDERHOLE BIS Dateiende
I    Lies Auto-Datensatz
I    * Anm.: das verändert Bed. "Dateiende"
I    WENN  nicht Dateiende
I    DANN
I    I     Errechne Jahresleistung
I    I     WENN  Festpreis
I    I     DANN
I    I     I     Provision mit Satz 1
I    I     SONST
I    I     I     Provision mit Satz 2
I    I     ENDE
I    SONST ---
I    ENDE
ENDE
```

Dies entspricht genau der graphischen Darstellung, nur daß wir die Bedingung umgedreht haben, um die Verarbeitung in den DANN-Zweig (Bedingung: ja) zu bekommen – eine kleine kosmetische Korrektur.

Nun sind wir soweit, den Programmplan in eine reale Programmiersprache umzusetzen.

1. Welche Programmbausteine gibt es?

_______________, _______________, _______________ (____ Varianten)

2. Bilden Sie folgende Verarbeitungsregel in einem Baustein ab:
„Für Festangestellte beträgt das Urlaubsgeld 80 % des Gehaltes, für andere Mitarbeiter 70 %."
(Eine oder alle 3 Darstellungsformen)

3. Bilden Sie folgende Verarbeitungsregel in einem Baustein ab:
„Ein Mitarbeiter hat 13 Datenelemente mit (unterschiedlichen) Monatsgehältern. Es soll das Jahresgehalt durch Summieren der Monatsgehälter errechnet werden."

4. Welches ist der wichtigste Unterschied zwischen WIEDERHOLE SOLANGE und WIEDERHOLE BIS?

____

5. Welchen Vorteil hat die Dokumentation von Programmbausteinen *ohne* graphische Elemente?

____

Ein Programm ist die Beschreibung der geplanten Folge von Verarbeitungsschritten. Die meisten Programme werden aus nur drei Bausteinen zusammengesetzt, die ineinander „schachtelbar" sind:

1. Der einfachen Verknüpfung zweier Bausteine zu einem neuen („Sequenz");

2. Der Verbindung zweier Bausteine zu einem neuen, wobei entweder nur der eine oder nur der andere ausgeführt wird („Alternative");

3. Die Einbettung eines Bausteins in eine Wiederholungskonstruktion, so daß er mehrfach durchlaufen werden kann („Schleife").

Sie haben in diesem Kapitel die Notwendigkeit kennengelernt, ein Programm in seinem Ablauf mit Hilfe dieser Bausteine zu planen und diese „Programmlogik" in geeigneter Weise zu dokumentieren, z.B. mit Wörtern wie WENN... DANN...SONST.

Kapitel 2.4

Wie Sie eine Programmiersprache einsetzen

> Jetzt können Sie Ihre erarbeitete Lösungskonzeption in ein Programm umsetzen – und diese Lösung ist so allgemein, daß die zu verwendende Programmiersprache (z.B. BASIC) weitgehend frei gewählt werden kann.

Der formale Aufbau eines Programms ist in den vorhergehenden Kapiteln abgehandelt worden. In dieser Hinsicht ist das Programm mit der Festlegung der einzelnen Arbeitsschritte, die wiederum von bestimmten Bedingungen abhängig sind, schon fertig. Es ist allerdings noch in einer nur für den Menschen verständlichen Sprache geschrieben, mit der der Computer nichts anfangen kann. Das heißt: Damit das Programm vom *Computer* ausgeführt werden kann, müssen wir es in eine ***Programmiersprache*** umsetzen.

> Eine Programmiersprache ist ein Satz von „Befehlswörtern", deren Schreibweise und Bedeutung genau festliegt. Dadurch können diese Befehle vom Computer erkannt und ausgeführt werden.

Es existiert eine Reihe verschiedener Programmiersprachen, von denen die meisten aus den USA kommen. Wen wundert es dann noch, daß diese Programmiersprachen englische Befehlswörter enthalten, die uns im ersten Moment befremden. Nach einiger Übung gehen sie aber schnell in unseren Sprachschatz über.

Steht z.B. in einem Computerprogramm der Befehl

PRINT „DAS ERGEBNIS IST:"

so kann der Computer das Befehlswort ***PRINT*** erkennen und die dafür festgelegten Aktionen ablaufen lassen, nämlich die Zeichen zwischen den Anführungsstrichen auf dem Drucker erscheinen lassen. Dort steht also nach Ausführung des Befehls der Text

```
DAS ERGEBNIS IST:
```

Was immer zwischen den Anführungszeichen steht, wird gedruckt. Sobald aber das Befehlswort den kleinsten Schreibfehler aufweist, wird es als solches nicht erkannt: PRENT „..." ist ein Fehler.

Für ***Datenelemente*** kann der Programmierer von ihm „frei" gewählte Namen vergeben, z.B. den Namen FESTPREIS für das Datenelement „Festpreis". Es wäre natürlich am praktischsten, die ***Variablen*** (so nennt man auch die in einem Programm definierten Datenelemente) so zu benennen, daß man beim Lesen des Programms sofort versteht, was gemeint ist. Leider wirkt dem die menschliche Faulheit entgegen. Bezüglich der Freiheit der Namenswahl gibt es allerdings gewisse Grenzen, die von Programmiersprache zu Programmiersprache verschieden sind. So ist z.B. in den meisten Sprachen die Länge eines Namens beschränkt.

GESAMTWERT ALLER AUTOS

wäre wohl ein für den häufigen Gebrauch im Programm ein zu *langer* Name, da er ja vom Programmierer eingetippt werden muß. Außerdem vertragen fast alle Programmiersprachen keine Leerstellen in Variablennamen, so daß man ein geeignetes Verbindungszeichen wählen muß, z.B.

GESAMTWERT_ALLER_AUTOS.

Variablen werden daher meist mit Abkürzungen des Datenelement-Namens bezeichnet. Je kürzer er ist, desto besser? Nein! Verwenden Sie ***„sprechende" Namen***, Abkürzungen, die an den *wirklichen* Namen erinnern, z.B. AUTOGESWERT.
Haben Sie erst einmal ein Programm mit 10 oder 20 einbuchstabigen Variablen, so finden Sie sich *nie* mehr durch.

Zu den „Befehlswörtern" einer Programmsprache im weiteren Sinne gehören auch die jedem Menschen geläufigen Rechensymbole +, –, x, ÷ und andere Zeichen, z.B. das Gleichheitszeichen. Es hat hier allerdings meist die Bedeutung der ***Zuweisung*** von Werten:

KM JAHRESLEISTG = LAUFLEISTG ÷ ALTER

bedeutet also, daß der Variablen KMJAHRESLEISTG der Wert zugewiesen wird, der sich aus der Division der beiden rechten Variablen ergibt. Deswegen ist eine mathematisch unsinnige Formulierung wie

NR = NR + 1

in einer Programmiersprache *kein* Problem. Sie bewirkt, daß der gegenwärtige

Wert der Variablen NR (z.B. eine Nummer) um 1 erhöht wird und das Ergebnis wieder unter dem Namen NR verwahrt wird.

Variablen im Programm können Zahlen oder Text enthalten (wie die Datenelemente, für die sie stehen). Die Zuweisung eines Wertes oder Inhaltes zu der Variablen erfolgt bei Zahlenwerten so:

PREIS = 3565.20

(Achtung: Die meisten Programmiersprachen erlauben nur einen Dezimal*punkt* und kein Dezimalkomma – wegen ihres angelsächsischen Ursprungs.)

Eine Text-Variable kann *alle* Zeichen der Tastatur enthalten, also nicht nur Buchstaben, sondern auch Ziffern und Sonderzeichen*). Bei der Werte-Zuweisung muß dieser Inhalt in ***Hochkommas*** stehen, die aber nicht mit gespeichert werden.

Beispiele**):

```
VORNAME = 'OTTO'
VOLLST_NAME = 'MAIER, SEPP'
PLZ = '6900'
JA = 'NEIN'
SOZEI = '?/,:!'
```

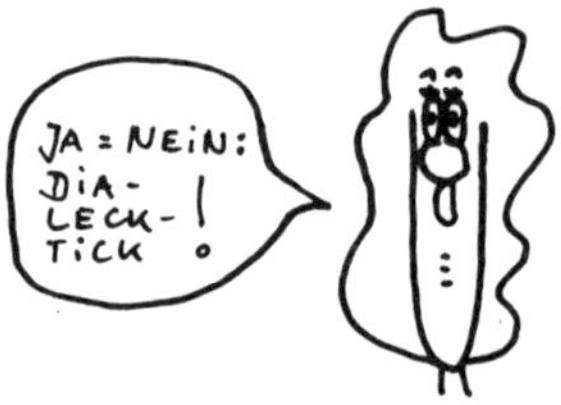

Die Hochkommas haben bei der Wertezuweisung von Text-Variablen eine wichtige Funktion. Wir sehen das an folgender Frage:

Was ist der Unterschied zwischen

LAND = 'D'

und LAND = D ?

Richtig: Im ersten Fall enthält die Variable LAND den Buchstaben D. Die Hochkommas der Zuweisung werden ja nicht mit gespeichert.

```
LAND   [D]
↑       ↑
|       Inhalt
Variablenname
```

Im zweiten Fall ist D selbst ein *Variablen*name, der irgendeinen (hier nicht bekannten) Inhalt hat. Dieser Inhalt wird nun auch der Variablen LAND zugewiesen.

Was ist der Unterschied zwischen

PLZ1 = 6900 (numerische Variable)

und PLZ2 = '6900' (alphanumerische Variable)?

---

*) Man nennt sie auch „alphanumerische Variable".

**) Wir nehmen hier an, daß der Name der Variablen frei gewählt werden kann und nicht BASIC-ähnlichen Einschränkungen unterliegt (dort muß z.B. der Name einer Textvariablen mit $ enden).

Niemand verbietet Ihnen, in einer Text-Variablen nur Ziffern unterzubringen – aber: Sie können damit nicht *rechnen*. Es wäre ja auch sinnlos, z.B. zur Postleitzahl PLZ etwas zu addieren. Also wird man wohl meist solche Datenelemente, mit denen man nicht rechnen will, als ***alphanumerische Variablen*** definieren – das macht man in der Regel auch mit ***Schlüsseln*** (auch wenn sie nur Ziffern enthalten). Trotzdem kann es sinnvoll sein, eine solche Variable (wie PLZ) *numerisch* zu definieren, z.B. für Vergleiche in Abfragesprachen:

Suche alle Orte mit PLZ < 3000.

Die arithmetische Vergleichsoperation „<" („kleiner als") funktioniert nämlich in vielen Programmiersprachen nur mit Zahlen.

Wieviele Werte oder Inhalte passen in eine Variable?

In der Regel enthalten sie (wie die Datenelemente, die sie im Programm repräsentieren) genau *einen* Wert, z.B.

KMJAHRESLEISTG [5875]

Man kann auch Variablen definieren, die *mehrere* Werte enthalten, z.B. eine komplette Tabellenspalte.

Drei solcher Variablen könnten sein:

AUTONR	AUTOTYP	HUBR	
1	Taunus	1.6	← Platz 1
2	Granada L	2.3	← Platz 2
3	Kadett	1.2	← Platz 3
4	...		

Einzelne Werte aus der Kolonne spricht man mit einem ***„Index"*** an, die ***Platznummer*** des Wertes in der Kolonne. Der Index steht meist in Klammern hinter dem Variablen-Namen.
HUBR(2) ist also der 2. Wert (nämlich 2.3) in der Kolonne HUBR. Natürlich darf statt der Ziffer auch eine ***Variable*** stehen, die einen definierten Wert hat:

NR = 2
HUBR(NR)

Diese Formulierung im Programm brächte dasselbe Ergebnis.

Gute Programmiersprachen enthalten auch Befehlswörter, die genau unsere ***Programmbausteine*** abbilden, z.B. für den „Alternativbaustein" WENN...

DANN...SONST gibt es die Wörter IF...THEN... ELSE. Entsprechend wird der Baustein „WIEDERHOLE SOLANGE...ENDE" in einer Programmiersprache durch die Befehle „DO WHILE..END" realisiert, der Baustein „WIEDERHOLE BIS...ENDE" durch die Befehle „DO UNTIL...END". Gibt es in einer Sprache keine Abbildungen der Bausteine, so muß man die Bausteine „selbst" programmieren, indem man einen sogenannten ***Verzweigungsbefehl*** benutzt. Er hat meist die Form ***GOTO*** xyz, wobei xyz eine irgendwie identifizierte Programmzeile ist, bei der der Programmablauf fortgesetzt wird.

Ein bekanntes Beispiel:

```
WENN Festpreis
DANN
|        Provision mit Satz 1
SONST
|        Provision mit Satz 2
ENDE
```

Im Programm sei die Variable „F" für „Festpreis" definiert, mit dem Inhalt „1" für „Festpreis ja" und dem Inhalt „0" für „Festpreis nein". Jede Programmzeile sei durch ihre Zeilennummer gekennzeichnet. Das entsprechende Programm könnte dann folgendermaßen aussehen:

```
010 IF F=1 GOTO 40
020        (Formel für Provision mit Satz 2)
030 GOTO 50
040        (Formel für Provision mit Satz 1)
050  (Beginn nächster Baustein)
```

Mit dem Befehl GOTO wird im Programmablauf jeweils der nicht zu durchlaufende Zweig übersprungen. Beachten Sie, daß der „SONST"-Zweig bei der GOTO-Form *zuerst* kommt (Zeile 020) und *darunter* der „DANN"-Zweig steht (Zeile 040). Der GOTO-Befehl ist übrigens eine höchst gefährliche Sache. Bei „unsauberer" Programmierung, also zu großen, nicht klar gegliederten Programmen ohne systematische Verwendung der vorgestellten Bausteine kann man (und Leichtsinnige tun es) mit dem GOTO kreuz und quer, vor und zurück springen, Programmteile überspringen oder (per Rücksprung) wiederholen. Das Ergebnis sind chaotische Programme, die kaum noch durchschaubar (also änderbar) sind.

Regel ist daher:

> 1. Halte Programme durch Verwendung von Unterprogrammen klein und überschaubar!
> 2. Verwende GOTO nur zur Realisierung der „WENN"- und „WIEDERHOLE"-Bausteine.

Zurück zu den Befehlen einer Programmiersprache:
Natürlich gibt es auch Befehlswörter zum ***Datentransport*** zwischen internem Speicher und externen Speichern*). Das Übertragen von Daten aus externen Speichern nennt man ***„Lesen"***, das Übertragen von Daten in externe Speicher nennt man ***„Schreiben"***. Also heißen die entsprechenden Befehlswörter meist READ und WRITE.

Außerdem besteht die Möglichkeit, im Programm ***„Kommentare"*** einzufügen – also *keine* Befehle an den Computer, sondern Anmerkungen für denjenigen, der dieses Programm liest und gegebenenfalls verbessern muß. Davon sollte man natürlich reichlich Gebrauch machen!
Welche Befehlswörter wie heißen und was sie tun, das muß man aus den Handbüchern der jeweiligen Programmiersprache lernen. Wir wollen hier in unserem Beispiel die überaus verbreitete Sprache BASIC betrachten, obwohl sie Einschränkungen aufweist, die ihre Handhabung manchmal erschweren. Übrigens gibt es bei Programmiersprachen trotz aller Normungsregeln von Hersteller zu Hersteller verschiedene „Dialekte". So erlaubt ein BASIC-Dialekt z.B. die Konstruktion IF...THEN...ELSE, bei einem anderen muß man sie auf die beschriebene Art mit GOTO nachbilden.

Ebenso sind häufig die Regeln über die Länge der Namen von Variablen unterschiedlich.

BASIC ist eine der weit verbreiteten Programmiersprachen, ähnlich wie COBOL, FORTRAN, PASCAL usw. Alle diese Sprachen haben mehr oder weniger das ***gleiche Konzept***, die gleichen Befehlswörter, z.B. IF...THEN...ELSE-Konstruktionen.

Es gibt daneben noch weitere Sprachen, die z.T. außerordentlich „mächtige" Befehlswörter enthalten, deren Wirkung in anderen Sprachen erst mehr oder weniger umständlich programmiert werden müßte. Eine solche Sprache ist APL (falls Ihnen der Name einmal begegnet).

---

*) Externe Speicher sind z.B. Diskette oder Cassette (siehe Anhang).

Zeigen wir es an einem ganz simplen Beispiel. Die Rechenregel sei umgangssprachlich so formuliert:

„Das Weihnachtsgeld ist gleich dem Monatsgehalt,
jedoch maximal 3.800,– DM".

In einer BASIC-ähnlichen Sprache würde man einen „Alternativ"-Baustein programmieren:

WENN	Monatsgehalt kleiner als 3800	IF MONGEH < 3800
DANN	Weihnachtsgeld = Monatsgehalt	THEN WEIGELD = MONGEH
SONST	Weihnachtsgeld = 3800	ELSE WEIGELD = 3800

In einer mächtigeren, APL-ähnlichen Sprache*) würde man nur *ein* Befehlswort verwenden:

WEIGELD = MIN (MONGEH, 3800)

Das bedeutet: nimm den kleineren der beiden Werte. Diese Formulierung ist kürzer. Aber Achtung! MIN und sein Bruder MAX sind tückisch – die umgangssprachliche Formulierung (s.o.) suggeriert hier das Falsche (wegen „MAXimal").

Schauen wir uns nach diesen allgemeinen Bemerkungen ein „richtiges" BASIC-Programm an, um unser Beispiel „Gebrauchtwagenbörse" in einem Teilbereich bis zum Ende durchzuführen. Wir nehmen dazu das in seiner Logik schon entworfene Programm „Autoergebnisse" in der Version von S. 101 und versuchen, es in BASIC umzusetzen. Dazu müssen wir natürlich wissen bzw. in dem ***BASIC-Handbuch*** nachlesen, wie die entsprechenden Befehlwörter für die Einzelschritte wie „Lesen", „WENN", usw. heißen.

Um eine Kontrolle über den Ablauf zu haben, drucken wir innerhalb der Schleife die Eingabewerte und die daraus errechneten Ergebnisse aus.

Noch ein weiterer Hinweis: da wir das *Alter* der Autos errechnen wollen, konnten wir das Datenelement „Erstzulassung" (EZ.) nicht in der ursprünglichen Form (z.B. „7/76") belassen. Es enthält ja (wie schon auf S. 19 festgestellt) *zwei* Informationen, nämlich Monat und Jahr der Erstzulassung – und genau diese *beiden* Datenelemente benötigen wir zum Errechnen des Alters. Deswegen haben wir die Auto-Datei gleich entsprechend definiert.

Das im Beispiel verwendete BASIC hat leider die Einschränkung, daß Variablennamen maximal 2 (!) Zeichen lang sein dürfen. Außerdem muß bei Namen von Variablen, die *Text* und nicht Zahlen enthalten, das 2. Zeichen ein „$" sein. Um das Verständnis des Programms und damit spätere Änderungen zu erleichtern, haben wir die Erklärung der Variablennamen als ***Kommentar*** mit in das Programm aufgenommen**).

*) Für APL-Kenner: das Wort MIN ist dort ein spezielles Zeichen und die Zuweisung nicht ein „=", sondern ein „←". Außerdem dürfen die Klammern fehlen.

**) Befehlswort REM = remark = Bemerkung

Eine weitere Besonderheit ist die Art, wie die Bedingung „Dateiende“ („End of File“, kurz: EOF) durch die Sprache erzeugt und verwendet wird. Im BASIC unseres Beispiels muß der Befehl zum Lesen einer Datei folgendes Aussehen haben:

```
GET „Dateiname", Variablenname(n), EOF nnn
```

Dabei bedeutet der letzte Teil: verzweige bei EOF (Dateiende) zur Programmzeile mit der Nummer nnn.

Das im Programmplan durch ein WENN vorgesehene Überspringen der Verarbeitung bei Dateiende ist hier also weitestgehend automatisiert, so daß wir uns im Programm eine IF-Abfrage sparen.

Betrachten wir noch einmal die Programmlogik von S. 101:

```
Programm 'Autobestand auswerten'
WIEDERHOLE BIS Dateiende
I     Lies Auto-Datensatz
I     * Anm.: das verändert Bed. 'Dateiende'
I     WENN  nicht Dateiende
I     DANN
I     I     Errechne Jahresleistung
I     I     WENN  Festpreis
I     I     DANN
I     I     I     Provision mit Satz 1
I     I     SONST
I     I     I     Provision mit Satz 2
I     I     ENDE
I     SONST ---
I     ENDE
ENDE
```

Diese Konstruktion können wir aber hier nicht 1:1 abbilden, weil ein WIEDERHOLE BIS („DO UNTIL“) in unserem BASIC nicht existiert und der Lesebefehl GET die beschriebene Besonderheit besitzt. Wir haben deswegen die Schleife „zu Fuß“ durch einen Rücksprung programmiert.

Genau betrachtet, handelt es sich hier um einen *neuen* Baustein, der intern folgendermaßen aussieht:

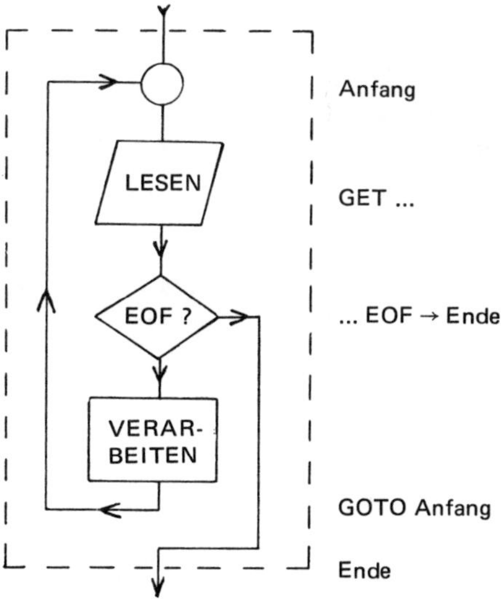

Ein solcher Baustein wäre formal korrekt: er hat nur *einen* Eingang und *einen* Ausgang und ist damit „schachtelbar“. Sie sehen, die Zahl der möglichen Programmbausteine ist nicht auf 3 begrenzt. In der Praxis verwendet man denn auch mehr als die hier vorgestellten drei Bausteine.

Hier ist das Programm:*)

```
 10 REM PROGRAMM "AUTOBESTAND AUSWERTEN"
 20 REM --- PROGRAMMLOGIK ---------------------------------------------------
 30 REM WIEDERHOLE BIS DATEI-ENDE
 40 REM |   LIES AUTO-DATENSATZ (SETZT BED. 'DATEI/ENDE')
 50 REM |   WENN NICHT DATEI-ENDE
 60 REM |   DANN
 70 REM |   |    ERRECHNE JAHRESLEISTUNG
 80 REM |   |    WENN  FESTPREIS
 90 REM |   |    DANN  PROVISION MIT SATZ 1
100 REM |   |    SONST PROVISION MIT SATZ 2
110 REM |   |    ENDE
120 REM |   SONST ---
130 REM |   ENDE
140 REM ENDE
150 REM --- VARIABLE -------------------------------------------------------
160 REM A        A$        M         J         K          P       F (1=JA)
170 REM AUTO-NR. AUTOTYP MONAT(EZ) JAHR(EZ) KM-STAND PREIS FESTPREIS
180 REM --- PROGRAMM -------------------------------------------------------
190 M1=4                    REM MONAT HEUTE
200 J1=83                   REM JAHR  HEUTE
210 P1=1                    REM PROVISIONSFAKTOR 1
220 P2=0.8                  REM PROVISIONSFAKTOR 2
230 PRINT USING 380,'AUTO NR','AUTOTYP','M (EZ)','J (EZ)';
240 PRINT USING 390,'        KM','  PREIS','FEST';
250 PRINT USING 400,' ALTER','KM/JAHR','VERK.PROV.'
260 REM --- SCHLEIFENANFANG ------------------------------------------------
270 GET "AUTO", A,A$,M,J,K,P,F,EOF 370
280 REM ABFRAGE "IF NICHT EOF" ENTFAELLT, DA "EOF 370" DAS AUTOMATISIERT
290 A1=(12*(J1-J)+M1-M)/12                       REM A1 = ALTER
300 K1=K/A1                                      REM K1 = KM/JAHR
310 IF F=1 THEN V=P*P1/100 ELSE V=P*P2/100      REM V = VERK.PROVISION
320 PRINT USING 380, A,A$,M,J;
330 PRINT USING 390,K,P,F;
340 PRINT USING 400,A1,K1,V
350 GOTO 260
360 REM --- SCHLEIFENENDE --------------------------------------------------
370 PRINT'*** ENDE ***'
380 :####### ########### ###### ######
390 :######### ####### ####
400 :###.## ####### ######.##
410 END
```

Bei der Ausführung des Programms werden für die ersten fünf Autos folgende Ergebnisse protokolliert:

```
AUTO NR AUTOTYP     M (EZ) J (EZ)       KM    PREIS FEST ALTER KM/JAHR VERK.PROV
      1 TAUNUS         10     77     91000     3000    0  5.50   16545     24.00
      2 GRANADA L      11     78     80000     5900    1  4.42   18113     59.00
      3 KADETT          5     77    120000      800    1  5.92   20282      8.00
      4 GRANADA L       7     80     14000    13500    0  2.75    5091    108.00
      5 ALPINE II       1     82     10000    18000    1  1.25    8000    180.00
*** ENDE ***
```

*) Eine andere Realisierung mit „dBase II‘ auf dem IBM PC s. S. 171 ff.

Einige Anmerkungen zum Programm:

Zu 10-140	Die Programmlogik ist als REMark (Bemerkung) mit im Programm gespeichert.
Zu 150-170	Die (leider) kurzen Namen der Variablen sind hier erläutert.
Zu 190-220	„Konstante“ Werte sollten immer als Variablen definiert werden, damit man sie bei einer Änderung (z.B. P1 wird 1.2%) leicht modifizieren kann. Die Verwendung von „echten“ Konstanten im Programm (z.B. V = P * 1.2/100 oder V = P * 0.012) sollte weitgehend unterbleiben.
Zu 230-250 und 320-340	Die PRINT USING-Anweisung sagt: „Drucke unter Benutzung“ des angegebenen ***Formates*** (380-400). Dort spezifiziert man die Zahl der auszugebenden Zeichen (mit #) und die Lage des Dezimalpunktes. Statt der drei PRINT-Anweisungen hätte auch eine gereicht, wäre genug Platz in der Programmzeile gewesen.
Zu 260	Hier beginnt die Schleife.
Zu 270	Lesen der Variablen aus der Datei „Auto“ mit Angabe der Programmzeile, zu der bei EOF (Dateiende) verzweigt werden soll.
Zu 290+300	Errechnen des Alters und daraus der Jahres-km-Leistung.
Zu 310	Alternative Errechnung der Verkaufsprovision (Wenigstens ein elegantes IF...THEN...ELSE).
Zu 350	Rücksprung zum Schleifenbeginn.
Zu 370	Hierher wird von Zeile 370 bei „mißglücktem“ Leseversuch automatisch verzweigt.

Das gezeigte Programm war ein typisches Beispiel für die sogenannte ***„Stapelverarbeitung“***: ein ganzer Stapel von Autosätzen wird ausgewertet. Ein solches Programm wird z.B. durch den Befehl RUN AUSWERTUNG gestartet, den der Benutzer am Terminal bzw. am Computer eintippt. Dabei ist AUSWERTUNG ein von ihm für dieses Programm vergebener Name.

Andere Programme gehören in die Kategorie ***„Dialogverarbeitung“***. Nach dem Startbefehl arbeitet das Programm nicht „schweigsam“ alle Auto-Sätze durch, sondern führt mit dem Benutzer einen „Dialog“ am Bildschirm. Genauer ge-

sagt: im Programm kann ein Befehl stehen, durch den Daten (Zahlen, Texte) auf dem Bildschirm angezeigt werden. Der „Dialog mit dem Computer“ entsteht durch ein zweites Befehlswort, mit dem die vom Benutzer an der Tastatur eingetippten Daten empfangen und dem Programm zur Verfügung gestellt werden. Der Datenausgabebefehl heißt z.B. PRINT, der Eingabebefehl INPUT.

Was bewirken also folgende Programmzeilen?

```
040 PRINT 'PROVISIONSSATZ 1:'
050 INPUT P1
```

Auf dem Bildschirm erscheint

```
PROVISIONSSATZ 1:
?
```

Das „?“ zeigt dem Benutzer, daß er etwas einzutippen hat. Tippt er jetzt die Zahl 0.8 ein, so erhält die Variable P1 im Programm den Wert 0.8, mit dem nun gerechnet werden kann. So können dem Programm Werte nicht nur zur Zeit der *Programmierung,* sondern bei der *Ausführung* zur Verfügung gestellt werden. Das wird man immer dann für „konstante“ Werte machen, wenn sie eben nicht konstant sind, sondern sich häufig ändern.
In einem Programm zur Rechnungsschreibung könnte man z.B. den Mehrwertsteuersatz als „Konstante“ zu Programmbeginn definieren. In einem Währungsumrechnungsprogramm dagegen würde man den Wechselkurs zur *Ausführungszeit* anfordern, da er sich täglich ändert – andernfalls müßte man ja das Programm täglich ändern!

Das Prinzip der Dialogverarbeitung verwendet man übrigens auch, um dem Benutzer den *Aufruf* von Programmen zu erleichtern. Hätte Wissi für seine Autobörse 15 Programme geschrieben, so müßte er sich deren Namen alle merken, um mit dem RUN-Befehl zur rechten Zeit das richtige Programm zu starten, z.B. zur Pflege der jeweiligen Dateien.

Komfortabler ist der automatische Aufruf über ein *„**Menü**“*. Wie auf der Speisekarte erscheinen Auswahlmöglichkeiten auf dem Bildschirm, und der Benutzer kann sich für eine entscheiden. Er muß dazu nur ein einziges Mal das Menü-Programm starten.

Beispiel:

Der Benutzer tippt ein:

```
RUN MENUE
```

Am Bildschirm erscheint:

```
                AUSWAHL 1:        EINGABE
                AUSWAHL 2:        VERARBEITUNG
                AUSWAHL 3:        AUSGABE

                AUSWAHL 0:        *** ENDE ***

==>
?
```

Der Benutzer tippt ein: 1

Er hat also die Programme zur Dateneingabe (Dateipflege) ausgewählt.

Im Programm wird daraufhin ein weiteres Menü-Programm automatisch angesteuert, das ihn nach der zu ändernden Datei fragt:

```
EINGABE/DATEIPFLEGE

          AUSWAHL 1:        AUTODATEI
          AUSWAHL 2:        VERKAEUFERDATEI
          AUSWAHL 3:        INTERESSENTENDATEI

          AUSWAHL 0:        *** ENDE ***

==>
?
```

Nach Eingabe der entsprechenden Auswahlziffer würde dann das Programm zur Dateiänderung wieder automatisch gestartet, das nun die Löschung, Neuaufnahme oder inhaltliche Veränderung von Datensätzen vornimmt.

Blicken wir zum Schluß ein wenig in das Innere eines Menü-Programms. Sie werden vielleicht feststellen, daß seine ***Struktur*** genau der Gliederung der Anwendung entspricht (vergl. S. 81). Hier macht sich also die Mühe der Vorarbeit bezahlt: die Struktur der Menü-Programme fällt uns in den Schoß!

Wenn Sie das Menü-Programm betrachten, fällt Ihnen zuerst (in der vorangestellten Programmlogik) ein neuer Baustein auf: der ***„FALL"-Baustein***:

```
10 REM PROGRAMM "GEBRAUCHTWAGENBOERSE MENUESTEUERUNG"
20 REM --- PROGRAMMLOGIK -----------------------------------
30 REM WIEDERHOLE BIS EINGABE '0=ENDE'
40 REM |    LIES BENUTZER-EINGABE 'WAS'
50 REM |    FALL '1': EINGABE         (DATEIPFLEGE)
60 REM |    FALL '2': VERARBEITUNG    (DATEIAUSWERTUNG)
70 REM |    FALL '3': AUSGABE         (DATEIABFRAGE)
80 REM ENDE
```

Zeichnerisch kann man ihn wie folgt darstellen:

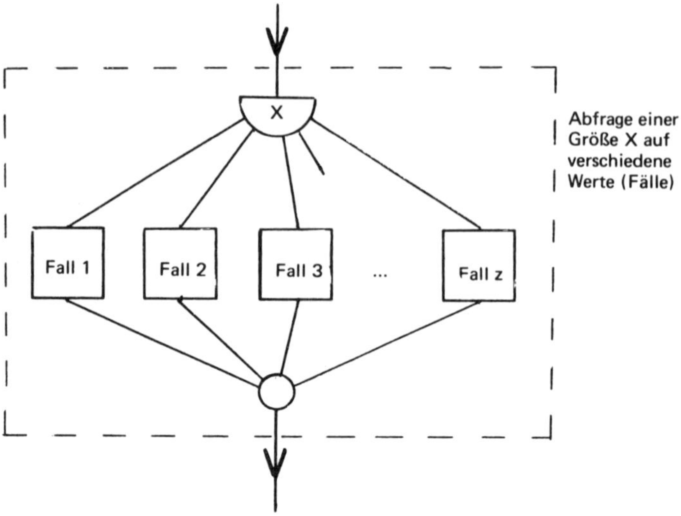

Der „FALL"-Baustein ist praktisch das „WENN" mit *mehr* als 2 Alternativen. Zeigen wir gleich den Rest des Programms:

```
 90 REM --- VARIABLE ----------------------------------------------------------
100 REM W                         X
110 REM WAS WILL BENUTZER .....
120 REM --- PROGRAMM ----------------------------------------------------------
130 PRINT
140 PRINT
150 PRINT USING 220,1,'EINGABE'
160 PRINT USING 220,2,'VERARBEITUNG'
170 PRINT USING 220,3,'AUSGABE'
180 PRINT
190 PRINT USING 220,0,'*** ENDE ***'
200 PRINT
210 PRINT '==>'
220 :         AUSWAHL #:          #################
230 INPUT W
240 IF W=0 THEN GOTO  310
250 IF W=1 THEN CHAIN 'PROGE'  REM - EINGABE      -
260 IF W=2 THEN CHAIN 'PROGV'  REM - VERARBEITUNG -
270 IF W=3 THEN CHAIN 'PROGA'  REM - AUSGABE      -
280 PRINT '*** FALSCHE AUSWAHLZIFFER, BITTE NOCH EINMAL:'
290 GOTO 130
300 REM --- PROGRAMMENDE ------------------------------------------------------
310 PRINT'*** ENDE ***'
320 END
```

Sie sehen die Ausgabe des Menüs durch die PRINT-Befehle in den Zeilen 130-220, einschließlich der Format-Zeile (220). In Zeile 230 wird die Eingabe in der Variablen „W" entgegengenommen und in den folgenden IF-Abfragen geprüft. Abhängig vom Eingabewert wird entweder das Programm beendet (W=0) oder eines der Programme namens PROGE, PROGV oder PROGA mit dem Befehl „CHAIN" angeschlossen.

Beachten Sie dabei, daß bei einer Eingabe einer Ziffer, die nicht zwischen 0 und 3 (incl.) liegt, *keine* der IF-Abfragen Erfolg hat. Die Programmsteuerung „fällt" zur Zeile 280 durch, wo eine Fehlermeldung für den Benutzer ausgegeben wird, um dann das Menü erneut zu präsentieren. Eine solche ***Eingabeprüfung*** ist typisch für Dialogprogramme und darf nicht fehlen, damit bei unbeabsichtigt falschen Eingaben das Programm nicht „in den Wald läuft" (wie sich Programmierer so anschaulich ausdrücken). Diese Prüfungen können in Programmen übrigens sehr umfangreich werden.

Sicher sind Sie jetzt in der Lage, das Programm PROGE, das nach der zu ändernden Datei fragt, selbständig zu programmieren – Sie ändern einfach das Menü-Programm entsprechend!

1. Wie nennt man die Abbildung eines Datenelementes im Programm?

____

2. Was ist der Unterschied zwischen numerischen und alphanumerischen Variablen?

____

3. Können in einer Variablen gleichzeitig *mehrere* Werte gespeichert werden?

   ja / nein

4. Können die Programmbausteine (z.B. WENN...DANN...SONST oder WIEDERHOLE...BIS) in Programmiersprachen direkt abgebildet werden?

____

5. Schreiben Sie die BASIC-Befehle, die zu einem gegebenen Betrag B, abhängig vom MWSt.-Schlüssel M, nach folgender Logik die Mehrwertsteuer addiert:
   WENN MWSt.-Schlüssel = 1
   DANN addiere volle MWSt.
   SONST addiere halbe MWSt.
   ENDE
   (Achtung: es gibt eine gute und eine sehr gute Lösung!)

____

____

____

Als letzter Schritt der Entwicklung von Anwendungen erfolgt die Umsetzung der Programmlogik in die Befehlswörter der jeweiligen Programmiersprache. Optimal ist es, wenn die Programmiersprache Schlüsselwörter für die logischen Programm-Bausteine besitzt. Die Datenelemente des Dateientwurfs werden in „Variablen“ des Programms abgebildet.
Für die Abarbeitung ganzer Datenbestände („Stapelverarbeitung“) gibt es vorgefertigte Programmabläufe. Daneben haben Sie in diesem Kapitel die „Dialogverarbeitung“ und die Programmierung von „Menüs“ kennengelernt.

Kapitel 2.5

Fallstudie „Haushaltsbuch“, Teil 2

> Sie vervollständigen die gegebene Aufgabenstellung und sehen, wie Sie die Analyse der Datenverarbeitungsprozesse systematisch durchführen können.

Nach der Analyse der Daten und ihrer Zusammenhänge müssen jetzt die Verarbeitungsprozesse unserer Fallstudie untersucht werden. Nach der in den Kapiteln 2.2 bis 2.4 gezeigten Vorgehensweise geschieht das in mehreren Stufen.

1. Grobgliederung der Anwendung

Bei kleinen Anwendungen ist mit der in Kapitel 2.2 gezeigten Gliederungsmethodik die Aufteilung der ersten Ebene schnell gefunden. Wir gliedern auf dieser Ebene nach Bestands- bzw. Datenpflege, Bestandsauswertung und Bestandsabfrage – Prozesse, die in der Regel unterschiedliche ***Auslöser*** haben, also ***Ereignisse***, die den Prozeß in Gang setzen.

Danach gilt für die Anwendung „Haushaltsbuch“:

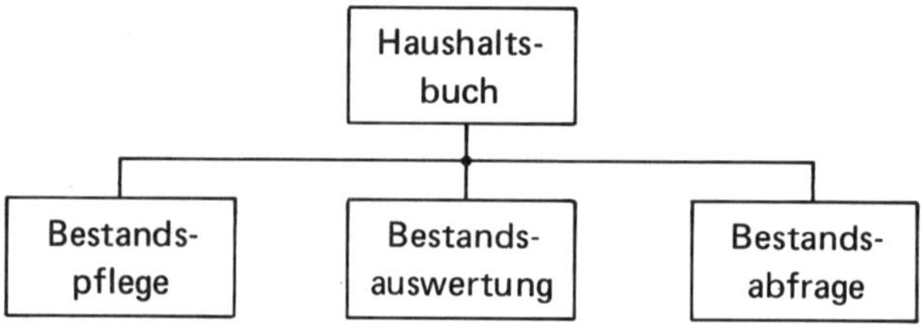

Welches könnten die unterschiedlichen ***Auslöser*** sein?

Prozeß	*Auslöser*
Bestandspflege	Entscheidung des Benutzers: Die Ansammlung von Belegen ist so umfangreich geworden, daß diese in den Computer eingegeben werden sollen.
Bestandsauswertung	Monatsende (genauer: *nach* dem letzten Tag jedes Monats).

Prozeß	*Auslöser*
Bestandsabfrage	Entscheidung des Benutzers: Irgendwelche im Rechner gespeicherten Informationen sollen sichtbar gemacht werden, (z.B. wer hat die Gasrechnung im Januar bezahlt?).

Sie sehen, daß diese Prozesse zu voneinander *un*abhängigen Zeitpunkten ausgelöst werden können.

Eine andere Gliederung bekäme man, wenn grundsätzlich Bestandspflege und Bestandsauswertung *zusammen* stattfinden. Das wäre der Fall, wenn mit der Eingabe von Änderungen bis zum Monatsende gewartet wird oder bei *jeder* Änderung die jeweils neuen Zahlen errechnet werden.

Das ist allerdings eine organisatorische ***Entscheidung,*** die der Anwender zu treffen hat. Es kommt darauf an, ob er die jeweils aktuellen Zahlen will oder den Rückblick auf eine bestimmte Periode (hier: Vormonat).

In diesem Fall hätte die Gliederung nur zwei Äste:

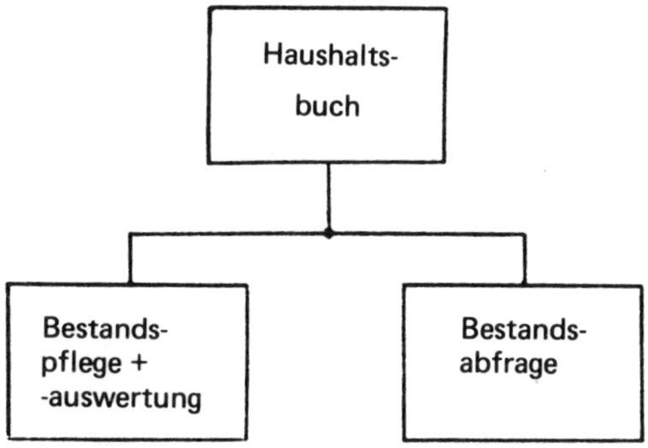

2. Feingliederung der Anwendung

Wie sieht die Gliederung auf der zweiten Ebene aus? Hier gliedern wir nach den Objekttypen, die wir bei der Datenanalyse gefunden haben.

Damit Sie nicht selbständig in das Kapitel 1.5 zurückblättern müssen, zeigen wir Ihnen hier noch einmal die Datenbestände (Tabellen) der Anwendung „Haushaltsbuch":

Tabelle PARTEI

NAME	AUSG. SUMME	%-ANTEIL
Eltern	5535,05	45
Wissi	3690,15	30
Wisseline	3075,00	25

Zahlen werden errechnet

Tabelle AUSGABENVERTEILUNG

NAME	ART	AUFGESCHL. SUMME
Eltern	A	
Wissi	A	
Wisseline	A	
Eltern	K	
Wissi	K	
Wisseline	K	

Kombinationsschlüssel

Tabelle AUSGABE

NR.	JAHR	DATUM	ART	BEZEICHNUNG
378	83	20.1.	L	Fleisch, Wurst
379	83	20.1.	L	Brot, Limonade
380	83	21.1.	A	Benzin
381	...	...	...	...

Tabelle AUSGABEART

ART	BEZEICHNUNG	ARTENSUMME	ARTEN-%
A	Auto (Kauf und Unterhaltung)		
E	Energie: Strom, Gas, Öl		
F	Freizeit, Unterhaltung		
H	Hausrat, Wäsche		
Hy	Hygiene, Arzt, Gesundheit		
K	Kleidung		
L	Lebensmittel		
R	Reisen, Urlaub		
Sp	Sparen, Rücklagen		
St	Studienmaterial		
T	Telefon, Rundfunk, TV, Zeitung		
V	Verbindlichkeiten, Zinsen, Tilgung		
W	Wohnung: Miete, Möbel		
Z	Sonstiges		

Tabelle BETEILIGUNG

NR.	NAME	BETRAG
...	...	...
381	Wisseline	63,–
382	Wissi	98,95
383	Eltern	350,–
383	Wissi	200,–
383	Wisseline	200,–
384	Wisseline	12,30
...	...	...

Kombinationsschlüssel

Wir haben also die Objekttypen „Partei", „Ausgabe", „Ausgabeart" und dazu die Tabellen mit Kombinationsschlüsseln, nämlich „Beteiligung" und „Ausgabenverteilung".

Können wir jetzt ganz schematisch jeden der drei Blöcke nach diesen Objekttypen unterteilen?

Bei der Betrachtung des ***Inhaltes*** der Bestände stellen wir z.B. fest, daß es bezüglich des Bestandes „Partei" keine Daten*pflege* geben kann: Darin werden nämlich alle Daten (mit Ausnahme des Schlüssels) *errechnet!*

Dabei lassen wir eine Veränderung der Parteien (jemand zieht aus oder ein) einmal außer Betracht.

Damit haben wir unsere Anwendung wie folgt gegliedert. Statt der graphischen Darstellung der Baumstruktur wählen wir diesmal eine tabellarische:

```
Programmstruktur "Haushaltsbuch führen"
-----------------------------------------

1. Bestandspflege
   1.1 Bestände AUSGABE und BETEILIGUNG
   1.2 Bestand AUSGABEART

2. Bestandsauswertung
   2.1 PARTEI-bezogene Ergebnisse
   2.2 AUSGABENVERTEILUNG
   2.3 Ergebnisse pro AUSGABEART

3. Bestandsabfrage
   3.1 Abfrage Bestand 'PARTEI'
   3.2 Abfrage Best. 'AUSGABE' + 'BETEILIGUNG'
   3.3 Abfrage Bestand 'AUSGABEART'
   3.4 Abfrage Bestand 'AUSGABENVERTEILUNG'
```

Da der Bestand „Beteiligung" nur gewissermaßen „ausgelagerte" Informationen (nämlich den Betrag und die Partei, die ihn ausgegeben hat) des „Ausgabe"-Bestandes enthält, wird er zusammen mit letzterem abgefragt und verarbeitet.

Damit ist die Gliederung der Anwendung abgeschlossen.

3. Klärung der Erzeugungsprozesse

Für jedes „Blatt" unseres Gliederungsbaumes wäre jetzt ein EVA-Diagramm auszufüllen – mindestens im Ast 2, „Bestandsauswertung", denn *neue* Datenelemente werden eventuell nur dort erzeugt. Bei den anderen beiden Ästen fallen möglicherweise keine EVA-Diagramme an, es verbergen sich dahinter später nur die entsprechenden Programme zur Bestandspflege und Bestandsabfrage.
Schauen wir uns ein EVA-Diagramm der Bestandsauswertung exemplarisch an:

(2.3) ERZEUGEN ERGEBNISSE ▽ PRO AUSGABEART

EINGABE Benötigte Daten	VERARBEITUNG Erzeugungsprozeß	AUSGABE Erzeugte Daten
BETRAG	SUMMIERE (PRO AUSG. ART)	ARTEN-SUMME
GESAMTBETRAG ALLER AUSG.	100 x ARTENSU. ÷ GESAMTBETR.	ARTEN - %

Wir sehen hier eine Besonderheit in der Darstellung: ein in einem Verarbeitungsschritt erzeugtes Datenelement („Artensumme") wird in einem folgenden Schritt noch einmal benötigt. Dann wird sein Name nicht noch einmal links hingeschrieben, sondern die „Weiterverwendung" durch einen Pfeil markiert.

*4. Planung der Programme *)*

Wir wollen dabei die heute moderne Dialogverarbeitung benutzen, in der jeder Zweig der Anwendung vom Benutzer durch eine entsprechende Eingabe gestartet wird. Der Benutzer sieht nach dem Starten der Anwendung „Haushaltsbuch" folgendes Menü auf dem Bildschirm:

```
          AUSWAHL 1:     BESTANDSPFLEGE
          AUSWAHL 2:     BESTANDSAUSWERTUNG
          AUSWAHL 3:     BESTANDSABFRAGE

          AUSWAHL 0:     *** ENDE ***

BITTE AUSWAHLZIFFER EINGEBEN:
?
```

Zu diesem ***„Hauptprogramm"*** gehört folgende Programmlogik (vergleiche 114 ff):

```
Programm "Haushaltsbuch führen"
WIEDERHOLE BIS Eingabe = "Ende"
|    Präsentiere Auswahl-Menü
|    Lies Eingabe vom Terminal
|    WENN  nicht "Ende"
|    DANN
|    |     FALL "1": Bestandspflege
|    |     FALL "2": Bestandsauswertung
|    |     FALL "3": Bestandsabfrage
|    |     SONST   : Fehler (falsche Eingabe)
|    |     ENDE
|    SONST ---
|    ENDE
ENDE
```

Hier haben wir im Programmplan auch die Möglichkeit einer fehlerhaften Eingabe berücksichtigt.
Die nächste Ebene besteht aus drei Programmen mit folgender Logik:

```
Programm "Haushaltsbuch Bestandspflege"
WIEDERHOLE BIS Eingabe = "Ende"
|    Präsentiere Auswahl-Menü
|    Lies Eingabe vom Terminal
|    WENN  nicht "Ende"
|    DANN
|    |     FALL "1": Bestände AUSGABE und BETEILIGUNG
|    |     FALL "2": Bestand AUSGABEART
|    |     SONST   : Fehler (falsche Eingabe)
|    |     ENDE
|    SONST ---
|    ENDE
ENDE
```

*) vergleiche S. 96 ff.

```
Programm "Haushaltsbuch Bestandsauswertung"
WIEDERHOLE BIS Eingabe = "Ende"
|     Präsentiere Auswahl-Menü
|     Lies Eingabe vom Terminal
|     WENN  nicht "Ende"
|     DANN
|     |     FALL "1": PARTEI-bezogene Ergebnisse
|     |     FALL "2": AUSGABENVERTEILUNG
|     |     FALL "3": Ergebnisse pro AUSGABEART
|     |     SONST   : Fehler (falsche Eingabe)
|     |     ENDE
|     SONST ---
|     ENDE
ENDE

Programm "Haushaltsbuch Bestandsabfrage"
WIEDERHOLE BIS Eingabe = "Ende"
|     Präsentiere Auswahl-Menü
|     Lies Eingabe vom Terminal
|     WENN  nicht "Ende"
|     DANN
|     |     FALL "1": Abfrage Bestand "PARTEI"
|     |     FALL "2": Abfrage Best. "AUSGABE" + "BETEILIGUNG"
|     |     FALL "3": Abfrage Bestand "AUSGABEART"
|     |     FALL "4": Abfrage Bestand "AUSGABENVERTEILUNG"
|     |     SONST   : Fehler (falsche Eingabe)
|     |     ENDE
|     SONST ---
|     ENDE
ENDE
```

Im nächsten Schritt würden nun *alle* Zweige weiter in ihrem Ablauf entworfen werden. Auf deren vollständige Darstellung wollen wir hier verzichten, da Sie Ihnen nichts Neues bringt. Wir betrachten deswegen gleich den nächsten und letzten Schritt der Planung der Programmlogik.

5. *Planung der Ablauflogik*

Im vorausgegangenen Abschnitt sahen Sie, daß es ein Programm „Pflege des Bestandes AUSGABEART" gibt. Wie sieht dies intern aus?

Dazu erinnern wir Sie an das Kapitel 2.1. Dort lernten Sie, daß es drei Tätigkeiten bei der Pflege von Beständen gibt:

- Einschieben neuer Sätze
- Löschen vorhandener Sätze
- Modifizieren vorhandener Sätze.

Dabei ist jeweils der zu behandelnde Satz durch seinen Schlüssel identifiziert. Wie können wir das im ***Dialogprogramm*** realisieren?

Eine der verschiedenen Möglichkeiten ist folgende:
Anhand eines ***Menüs*** fragen wir ab, welche der drei Tätigkeiten gewünscht wird. Abhängig von der Auswahl des Benutzers fordern wir die Daten am Ter-

minal an und führen die Tätigkeit aus, wobei wir auf mögliche Fehler (z.B. einzufügender Satz ist schon vorhanden) achten. Beim Löschen fragt das Programm sicherheitshalber den Benutzer nach Anzeige des vollständigen zu löschenden Satzes, ob er den Satz *wirklich* aus dem Bestand entfernen will. Danach wiederholen wir das Ganze, um weitere Änderungen durchzuführen oder um das Programm zu beenden.

Diese Ablauflogik ist noch ganz *allgemein* und gilt für *jeden* satz-orientierten Bestand. Das heißt, wir hätten in unserem Beispiel zwei Datenpflegeprogramme (siehe Programmablauf S. 124) mit *identischer* Ablauflogik. Daher ist es wenig sinnvoll, für *jeden* Bestand ein eigenes Pflegeprogramm zu schreiben, sondern *ein einziges* Pflegeprogramm für alle Bestände. In diesem allgemeinen Programm muß dann eine Abfrage nach dem Namen des zu pflegenden Bestandes enthalten sein. Wie sich dann die Programmstruktur und das nachstehende Bestandspflegeprogramm ändern, können Sie sicher mit ein wenig Nachdenken herausfinden.

In unserer Planungssprache sieht das wie folgt aus:

```
Programm "Bestandspflege AUSGABEART"
WIEDERHOLE BIS Eingabe = "Ende"
|     Eingabe Fall (Auswahlziffer)
|     Eingabe Schlüssel des Satzes
|     FALL "1": Einschub
|     |      WENN  Schlüssel vorhanden
|     |      DANN
|     |      |      Fehler: "Satz schon vorhanden"
|     |      SONST
|     |      |      Eingabe Daten
|     |      |      Füge Schlüssel + Daten in Bestand ein
|     |      ENDE
|     ENDE
|     FALL "2": Löschung
|     |      WENN  Schlüssel vorhanden
|     |      DANN
|     |      |      Zeige zu löschenden Satz am Terminal
|     |      |      Eingabe Bestätigung zum Löschen
|     |      |      WENN  Bestätigung "ja"
|     |      |      DANN
|     |      |      |      Löschen Satz im Betand
|     |      |      SONST
|     |      |      |      ---
|     |      |      ENDE
|     |      SONST
|     |      |      Fehler: "Satz nicht vorhanden"
|     |      ENDE
|     ENDE
|     FALL "3": Änderung
|     |      WENN  Schlüssel vorhanden
|     |      DANN
|     |      |      Eingabe Änderungen
|     |      |      Füge Änderungen in Bestand ein
|     |      SONST
|     |      |      Fehler: "Satz nicht vorhanden"
|     |      ENDE
|     ENDE
ENDE
```

WENN Sie das noch verwirrt
DANN
    stellen Sie die Logik doch mal graphisch dar (anschaulicher!)
SONST
    ist die Zeichnerei überflüssig
ENDE

Das ist übrigens genau die Logik der im Kapitel 2.1 erwähnten allgemeinen Dateipflegeprogramme (die zum Teil mit der Betriebssoftware des Computers geliefert werden).

Ein zweites Programm, dessen Ablauflogik wir uns anschauen wollen, ist ein Verarbeitungsprogramm, zu dem ein EVA-Diagramm existiert.

Dieses Programm soll allerdings nicht nur in seinem logischen Aufbau gezeigt, sondern anschließend – wenigstens teilweise – in die Programmiersprache BASIC übertragen werden, damit Sie konkrete Anhaltspunkte beim Schreiben Ihres eigenen Programmes haben.

Es handelt sich dabei um das Programm zur Errechnung der Ergebnisse pro Ausgabeart, das die auf Seite 122 gezeigte Tabelle AUSGABEART erstellt.

Hier sind zwei Vorgehensweisen möglich:

1. Die Datei wird Satz für Satz verarbeitet; ein Satz wird von der Diskette in den Hauptspeicher gelesen, der Wert wird errechnet, und der dann komplette Satz wird wieder zurückgeschrieben. *Jeder* Satz der Datei wird so behandelt. In unserem Fall müßte doppelte Arbeit geleistet werden, denn die Spalte ARTEN-% können wir erst errechnen, wenn wir *alle* Werte von ARTENSUMME errechnet und addiert haben, da wir die %-Werte auf die *Gesamt*summe aller Ausgaben beziehen müssen.

2. Die Datei (Tabelle) wird in ihrer Gesamtheit in den Hauptspeicher gelesen. Dort wird sie bearbeitet (in unserem Fall *zwei* Mal) und danach wieder vollständig auf die Diskette zurückgeschrieben. Dieses Verfahren ist natürlich nur möglich, wenn die gesamte Datei (Tabelle) im Hauptspeicher in einer Variablen Platz findet. Das ist bei unserer kleinen Tabelle sicher der Fall – bei anderen Dateien muß das von Fall zu Fall geprüft werden.

Was für die weitere Verarbeitung der Daten notwendig ist, wird aus dem EVA-Diagramm auf S. 125 ersichtlich. Auf der linken Seite sehen Sie in der Eingabe-Säule das Datenelement BETRAG; außerdem geht aus dem Kopf hervor, daß wir die Summierung PRO AUSGABEART durchführen müssen – also benötigen wir auch dieses Datenelement zur Zuordnung der Werte.

Betrachten wir nun die Programmlogik für die gesamte Verarbeitung (zum besseren Verständnis sollten Sie gleichzeitig die betroffenen Dateien auf S. 122 betrachten):

```
Programm "Ausgabearten summieren"
Lies Datei AUSGABEARTEN in Hauptspeicher-Tabelle
WIEDERHOLE BIS Ende Datei BETEILIGUNG
|     Lies BETEILIGUNGs-Satz (Belegnr., Betrag)
|     WENN  nicht Ende Datei BETEILIGUNG
|     DANN
|     |      Lies AUSGABE-Satz zu Belegnr. (Art)
|     |      Addiere Betrag in AUSGABEART-Tabelle
|     |                   (in jeweiliger ART-Zeile)
|     SONST Unterprogramm "Errechnen Arten-%"
|     ENDE
ENDE
Schreibe Datei AUSGABEARTEN aus Hauptspeicher-Tabelle zurück
```

Hier finden wir den schon bekannten Lesemechanismus in etwas abgewandelter Form:

1. wird mit einer Information aus einer Datei (hier: Beleg-Nr. aus Datei BETEILIGUNG) in einer anderen Datei eine Information gesucht (hier: Ausgabe-Art zu dieser Beleg-Nr. in Datei AUSGABE),
2. bei Arbeits*ende* (Datei-Ende) wird noch eine weitere Arbeit ausgeführt (hier das genannte Unterprogramm).

Dieses ***Unterprogramm*** wollen wir uns anschauen (es ist sehr einfach) und in BASIC realisieren.
Wie sieht unsere Tabelle im Hauptspeicher bei Datei*ende* aus? Die Datenelemente ARTENSUMME und ARTEN-% seien als Variablen mit *mehreren* Werten (wie auf S. 107 beschrieben) definiert.

ART	BEZEICHNUNG	ARTENSUMME	ARTENPROZENT
A	Auto (Kauf und Unterhaltung)	1234.56	
E	Energie: Strom, Gas, Öl	542.00	
F	Freizeit, Unterhaltung	45.50	
H	Hausrat, Wäsche	560.00	
HY	Hygiene, Arzt, Gesundheit	333.33	
K	Kleidung	1221.00	
L	Lebensmittel	3211.23	
R	Reisen, Urlaub	700.00	
SP	Sparen, Rücklagen	500.00	
ST	Studienmaterial	38.00	
T	Telefon, Rundfunk, TV, Zeitung	393.50	
V	Verbindlichkeiten, Zinsen, Tilgung	100.00	
W	Wohnung: Miete, Möbel	1200.00	
Z	Sonstiges	123.45	

Die Spalte ARTENSUMME ist mit den errechneten Zahlen gefüllt. Zur Realisierung des im EVA-Diagramm gezeigten zweiten Schrittes muß folgendes gemacht werden:

```
Programm "Errechnen ARTEN-%"
Summiere ARTENSUMME --> Gesamt-Ausg.Betrag
Errechne alle ARTEN-%-Werte
```

Bei einfachen Sprachen wie BASIC muß das Durcharbeiten der Variablen mit *mehreren* Werten in einer Schleife, die jeden *einzelnen* Wert erfaßt, programmiert werden, von „A" bis „Z". Intern sähe das Unterprogramm wie folgt aus:

```
Gesamt-Betrag = 0
WIEDERHOLE BIS Tabellenende
|    Gesamt-Betrag um jeweilige ARTENSUMME erhöhen
ENDE
WIEDERHOLE BIS Tabellenende
|    ARTEN-% errechnen
ENDE
```

Um das Programm zu erstellen, müssen wir die Bedingung „Tabellenende" erkennen. Anders als die Bedingung „Dateiende" wird sie uns nicht von der Dateiverwaltungs-Software geliefert. Da wir die Tabelle aber durch Lesen aus der Datei erstellt haben (siehe Programm-Logik S. 128), können wir die Anzahl ihrer Eintragungen mitzählen und in einer Variablen namens „Z" speichern. Hier lernen wir ein neues BASIC-Befehlswort für die Schleife kennen. Dabei wird als zusätzlicher „Service" von der Programmiersprache eine sogenannte ;„Zählvariable" bei jedem Durchlauf durch die Schleife verändert (in der Regel um 1 erhöht).

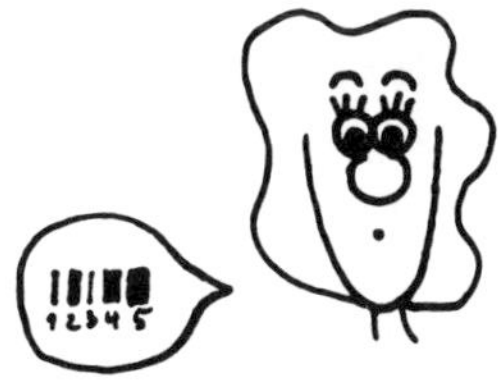

Die Zählvariable wird im Kopf der Schleife genannt. Diese Schleife sieht logisch so aus:

```
Zählvariable = Anfangswert
WIEDERHOLE BIS Zählvariable = Obergrenze
|    A k t i o n  (evtl. abhängig von Zählvar.)
|    Zählvariable erhöhen
ENDE
```

In BASIC wird das Setzen der Zählvariablen auf den Anfangswert im Kopf der Schleife bewirkt und das Erhöhen durch den Befehl NEXT.

```
FOR Zählvariable = Anfangswert TO Obergrenze
|    A k t i o n  (evtl. abhängig von Zählvar.)
NEXT Zählvariable
```

Nennen wir die Zählvariable I und den letzten Tabellenplatz Z einer Tabelle A, so können wir folgendes Programm schreiben:

```
FOR I = 1 TO Z
|    PRINT "TABELLE PLATZ ",I," IST GLEICH ",A(I)
NEXT I
```

Beim ersten Durchlauf ist I=1, das Programm druckt also

```
TABELLE PLATZ 1 IST GLEICH 1234.56
```

Dabei war der Wert A(1) – d.h. der Variablen A an der 1. Stelle – gleich 1234.56.

Beim zweiten Durchlauf ist I=2 und der Inhalt des 2. Tabellenplatzes wird gedruckt. Das setzt sich bis zum Tabellenende so weiter fort.

Damit können wir unser Unterprogramm „Errechnen ARTEN-%“ in Angriff nehmen.

Bevor im Hauptprogramm namens „Ausgabearten summieren‘ (Logik S. 128) das Lesen der Datei AUSGABEART in die Hauptspeichertabelle beginnen kann, muß die Tabelle in ihrer maximalen Größe definiert werden. Wir betrachten die Tabelle einfach als 4 Variablen mit jeweils mehreren Werten (vgl. S. 107). Davon enthalten 2 Variablen Zahlen (numerisch), die anderen beiden Text (alphanumerisch).

Damit wir bei neu hinzukommenden Ausgabearten nicht jedesmal unser Programm neu anpassen müssen, lassen wir vorsorglich für jede Variable z.B. 30 Tabellenplätze zu.

Geben wir den 4 Variablen wieder (leider) kurze BASIC-Namen:

- Ausgabeart A$
- Ausgabeart-Bezeichnung B$
- Artensumme S
- Arten-% P

Das Befehlswort für die Platzbelegung heißt DIM (engl.: dimension = Ausdehnung, Größe).
Somit beginnt unser Programm wie folgt:

```
10 REM PROGRAMM 'AUSGABEARTEN SUMMIEREN'
20 REM *** HIER FOLGT PROGRAMMLOGIK VON S. 2.5.1  .....
30 REM  TABELLE AUSGABEART, BEZEICHNUNG, SUMME, PROZENT
40 DIM           A$(30),      B$(30),       S(30), P(30)
```

Das Lesen der AUSGABEART-Tabelle und das Addieren der Beträge in die entsprechenden Zeilen soll hier nicht gezeigt werden. D.h., wir gehen davon aus, daß (nach Abarbeiten der Datei BETEILIGUNG) die Tabelle in der Spalte ARTENSUMME gefüllt ist (s. S. 122 unten).
Das Unterprogramm zum Errechnen der Prozentsätze sieht dann so aus:

```
110 REM UNTERPROGRAMM 'ARTEN-% ERRECHNEN'
120 REM ---- PROGRAMMLOGIK -----------------------------
130 REM GESAMTSUMME = 0
140 REM WIEDERHOLE BIS TABELLENENDE
150 REM |   GESAMTBETRAG UM ARTENSUMME REHOEHEN
160 REM ENDE
170 REM WIEDERHOLE BIS TABELLENENDE
180 REM |   ARTEN-% ERRECHNEN
190 REM ENDE
200 REM ---- PROGRAMM          -----------------------------
210 REM  G            Z
220 REM  GESAMTSUMME  ZAHL DER TABELLENZEILEN
230 G=0
240 FOR I=1 TO Z
250 G=G+S(I)
260 NEXT I
270 FOR I=1 TO Z
280 P(I)=100*S(I)/G
290 PRINT    "PROZENT = ",P(I)
300 NEXT I
310 END
```

In diesem Fall besteht das Programm selbst im wesentlichen aus 2 FOR-NEXT-Schleifen. Es ist nicht länger als die allgemein formulierte Logik (nämlich 2 WIEDERHOLE-Schleifen). Dadurch sind weitere Erläuterungen nicht erforderlich.
Zu guter Letzt noch das Ergebnis, die jetzt komplette Tabelle:

ART	BEZEICHNUNG	ARTENSUMME	ARTENPROZENT
A	Auto (Kauf und Unterhaltung)	1234.56	12.10
E	Energie: Strom, Gas, öl	542.00	5.31
F	Freizeit, Unterhaltung	45.50	.45
H	Hausrat, Wäsche	560.00	5.49
HY	Hygiene, Arzt, Gesundheit	333.33	3.27
K	Kleidung	1221.00	11.97
L	Lebensmittel	3211.23	31.47
R	Reisen, Urlaub	700.00	6.86
SP	Sparen, Rücklagen	500.00	4.90
ST	Studienmaterial	38.00	.37
T	Telefon, Rundfunk, TV, Zeitung	393.50	3.86
V	Verbindlichkeiten, Zinsen, Tilgung	100.00	.98
W	Wohnung: Miete, Möbel	1200.00	11.76
Z	Sonstiges	123.45	1.21

Kapitel 3

Vom Problem zum Lösungsentwurf

Die Zusammenfassung der wesentlichsten Tätigkeiten zur Vorbereitung der Datenverarbeitung, also *vor* der Programmierung, und die Gründe für ein systematisches Vorgehen.

Im Sinne einer ***Zusammenfassung*** sollen in diesem Kapitel insbesondere folgende zwei Bereiche betrachtet werden:

1. Damit Sie für Ihre Anwendungsentwicklung eine ***konkrete Arbeitsanleitung*** haben, wird noch einmal ein systematischer Überblick über Tätigkeiten, Ergebnisse und Hilfsmittel gegeben, die bei der Entwicklung von Anwendungen wesentlich sind.
2. Darüber hinaus möchten wir Ihnen mehr grundsätzliche Hinweise über eine ***allgemeine Strategie*** bei der Anwendungsentwicklung geben und Ihnen diese generellen Regeln begründen.

Den gesamten Prozeß der Anwendungsentwicklung möchten wir in einem schematischen Überblick wie folgt systematisieren:

Die „Windrose" der Anwendungsentwicklung

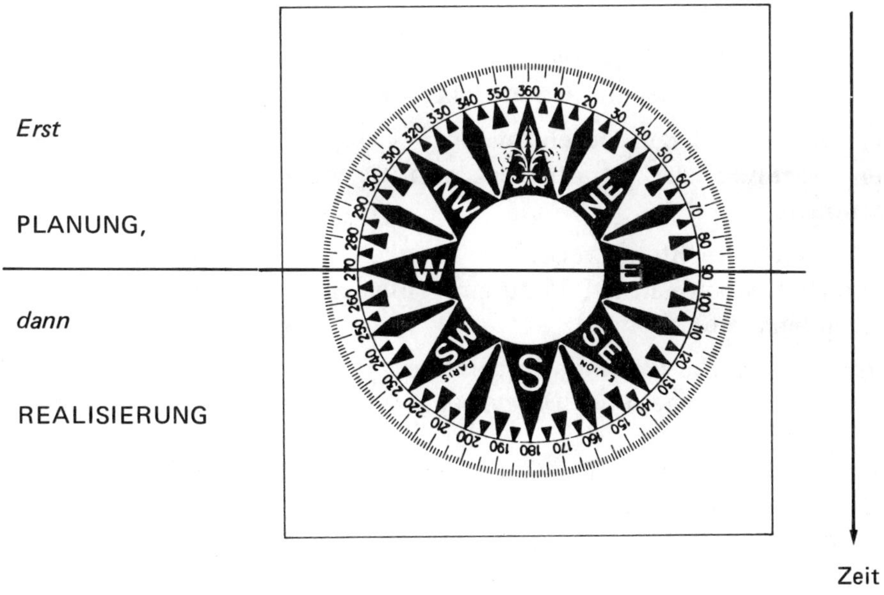

Zuerst wird die Anwendung untersucht und geplant. Sie wird dabei systematisch gegliedert, zuerst in grobe Teile, dann in feinere Teile.
Danach werden die einzelnen Teile realisiert und zu einem Gesamtsystem von Programmen zusammengefügt.
Während der gesamten Entwicklungstätigkeit berücksichtigen wir immer folgende zwei Bereiche:

D.h., sowohl bei der Planung als auch bei der Realisierung haben wir es mit diesen beiden Bereichen der Untersuchung zu tun:

- den ***Daten*** (und den Gegenständen – „Objekten" –, die sie beschreiben)
- den ***Prozessen***, der Verarbeitung von gegebenen Daten zu neuen Informationen.

Diese beiden Betrachtungsweisen der Tätigkeiten bei der Anwendungsentwicklung können wir in einem Bild zusammenfassen, dessen Quadranten folgende Aussagen beinhalten:

- ***Zuerst*** erfolgt die ***Planung*** (der Entwurf, das Design, die Architektur – wie immer Sie es nennen) der ***Daten*** der Anwendung und der ***Prozesse*** der Anwendung;
- ***dann*** erst beginnen die Tätigkeiten der ***Realisierung:*** die Umsetzung der geplanten ***Daten***strukturen in Dateien, die Übertragung der entworfenen Verarbeitungs-***Prozesse*** in Programme (Programmlogik und das eigentliche Programm).

Anwendungsentwicklung

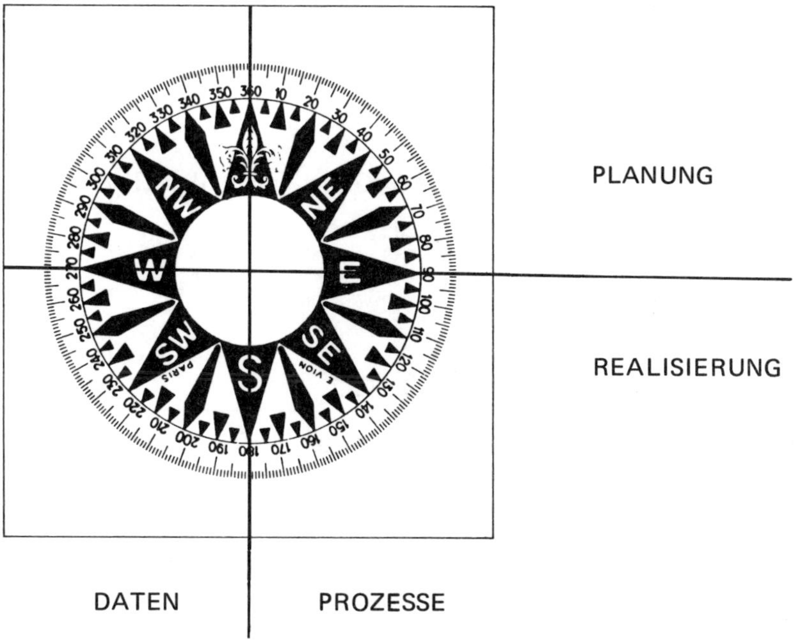

1. Vorgehensweise bei der Anwendungsentwicklung

Wir stellen Ihnen aus den einzelnen Kapiteln die Vorgehensweise zusammen, indem wir in tabellarischer Form 3 Dinge aufführen: die ***Tätigkeiten***, die ***Ergebnisse*** und die ***Hilfsmittel***, mit denen Sie das Ergebnis der Tätigkeiten dokumentieren.

1. Schritt

Tätigkeit:
Bestimmen Sie, über welche Arten von Gegenständen („Objekttypen") Sie Daten sammeln und verarbeiten wollen, und durch welche Schlüssel diese Objekttypen identifiziert werden (sollen).

Ergebnis:
Bezeichnung bzw. Name des Objekttyps und seines Schlüssels (in der Regel ist das *ein* Datenelement, aber „Kombinationsschlüssel" sind möglich).

Hilfsmittel:

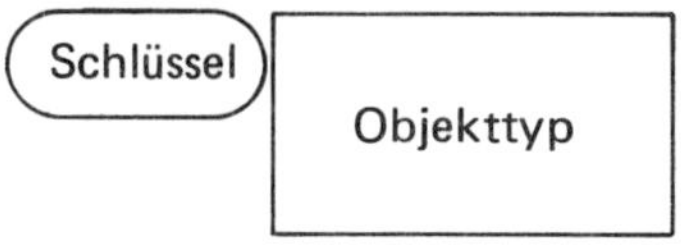

2. Schritt

Tätigkeit:
Klären Sie, welche Beziehungen und Häufigkeiten zwischen den Objekttypen bestehen – jeweils in *beiden* Richtungen.

Ergebnis:
Name bzw. Art der Beziehung und Kennzeichen der Häufigkeit (1:1, 1:0, 1:beliebig)

Hilfsmittel:

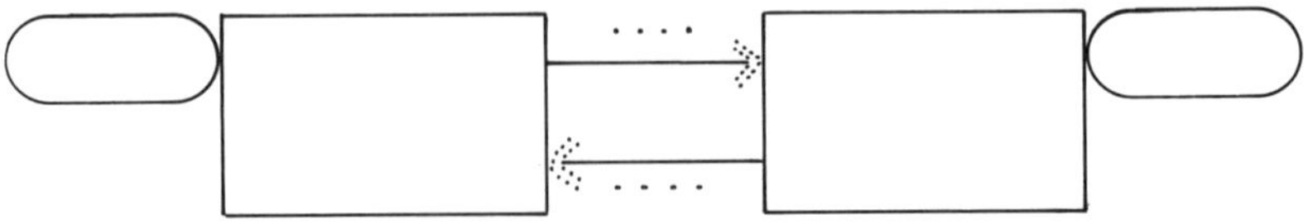

(Art der Beziehung eintragen, Häufigkeit durch Pfeilspitzen markieren)

3. Schritt

Tätigkeit:
Überlegen Sie für *jeden* Objekttyp, welche Datenelemente Sie erfassen oder erzeugen wollen. Achten Sie dabei auf *mehrfach* vorkommende Datenelemente und auf solche, die Schlüssel eines anderen Objekttyps sind („Fremdschlüssel"). Überlegen Sie auch, welche Maßeinheit für das Datenelement gilt und was es genau bedeutet.

Ergebnis:
Liste der Datenelemente pro Objekttyp und Kennzeichnung von Mehrfach-Vorkommen und Fremdschlüsseln. Evtl. Eintragung von Erläuterungen (nämlich Maßeinheit und Bedeutung) in einen „Datenkatalog".

Hilfsmittel:

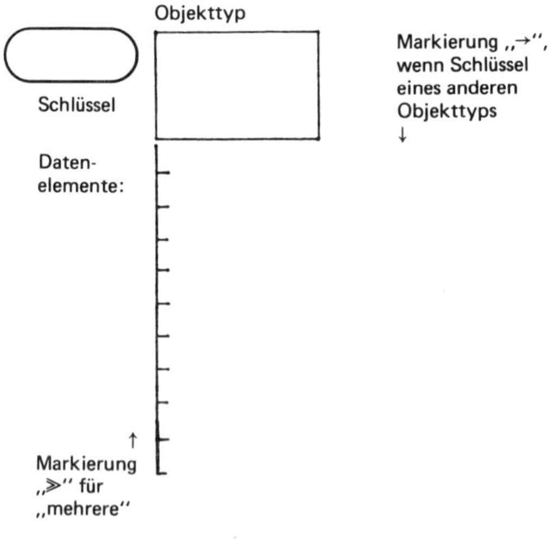

Evtl. Datenkatalog-Zeile:

DATENELEMENT	M.E.	BEDEUTUNG
Festpreis	–	1 = Festpreis, 0 = verhandelbar

4. Schritt

Tätigkeit:
Entwerfen Sie anhand der Ergebnisse des 3. Schrittes die Tabellen (Dateien) nach den im Kapitel 1.4 ausführlich beschriebenen Regeln („Auslagerung" der Mehrfach-Elemente und der von einem „Fremdschlüssel" abhängigen Daten). Prüfen Sie das Ergebnis noch einmal nach folgenden Forderungen (vgl. S. 52 ff):

- am Schnittpunkt einer Zeile mit einer Spalte darf nur genau *ein* Wert eines Datenelementes stehen. Jede Zeile muß eindeutig durch einen Schlüssel (eine Spalte oder eine Kombination aus mehreren Spalten) identifiziert sein;
- jede Spalte, die *nicht* Teil des Schlüssels ist, muß von *allen* zum Schlüssel gehörenden Spalten abhängig sein und nicht nur von einzelnen Schlüsselspalten;
- es darf *keine* Abhängigkeiten zwischen Spalten geben, die *nicht* Teil des Schlüssels sind.

Ergebnis:
Tabellen (Dateien) mit der Bezeichnung der Tabelle, dem hervorgehobenen Schlüssel und den Namen aller in der Tabelle vorkommenden Datenelemente.

Hilfsmittel:
Text nach folgendem Formalismus: TABELLENNAME (*Schlüssel,* Namen der Datenelemente in Kommas) *)

z.B.: ORT (*Postleitzahl,* Ortsname, Einwohnerzahl, ...) *)
EXTRAS (*Auto-Nr., Extra-Name,* Hersteller, Preis) *)

5. Schritt

Tätigkeit:
Gliedern Sie die Anwendung in mehreren Stufen (grob, fein)

Ergebnis:
Gliederungsbaum

*) Schlüssel unterstrichen (oder anders hervorgehoben)

Hilfsmittel:
Zeichnerische Darstellung:

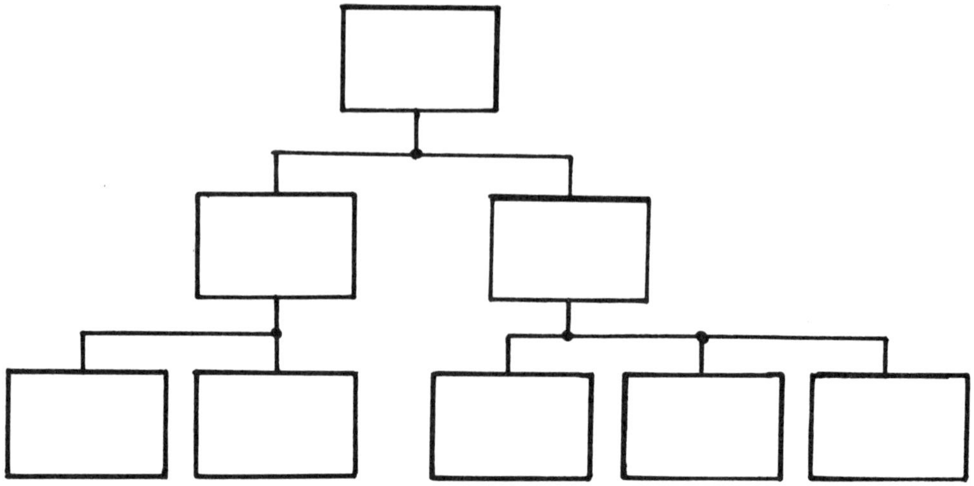

oder Tabellarische Darstellung:

1. .....
1.1. .....
1.1.1 .....
1.1.2 .....
1.2 .....
1.2.1 .....
1.2.2 .....
1.2.3 .....

6. Schritt

Tätigkeit:
Klären Sie die Erzeugungsprozesse für jedes einzelne „Blatt" des Gliederungsbaumes, das *nicht* weiter untergliedert ist.
Das bedeutet:

– *erzeugte* Datenelemente benennen (Ausgabe-Säule),
– *benötigte* Datenelemente benennen (Eingabe-Säule),
– *Erzeugungsprozesse* präzise beschreiben (Verarbeitungs-Säule).

Ergebnis:
Liste der erzeugten und der benötigten Datenelemente, Beschreibung der Erzeugungsprozesse (je „Blatt" des Gliederungsbaumes).

Hilfsmittel:
EVA-Diagramm
z.B.:

(2.2) VERKÄUFER-BEZ. ERGEBNISSE ▽ PRO VERKÄUFER

EINGABE Benötigte Daten	VERARBEITUNG Erzeugungsprozeß	AUSGABE Erzeugte Daten
AUTO-NR. (PRO VERK.)	ZÄHLE	ZAHL DER AUTOS
EINZELPREIS DER AUTOS (PRO VERK.)	SUMMIERE	WERT DER AUTOS

7. Schritt

Tätigkeit:
Planen und definieren Sie, welche Teile der Anwendung ein selbständiges Hauptprogramm und welche ein Unterprogramm werden sollen. Hauptprogramme sind immer die Arbeiten, die durch einen eigenen „Auslöser" gestartet werden (vgl. S. 96). Bedenken Sie, daß diese Aufteilung *nicht* in jedem Fall mit der Gliederung der Anwendung identisch sein muß (z.B. wenn für Bestandspflege und Bestandsauswertung *ein* kombiniertes Programm gewünscht wird).

Ergebnis:
Liste der Programme und der von Ihnen aufgerufenen Unterprogramme nach den Regeln der Programmbausteine.

Hilfsmittel:
„Schlüsselwörter" der Programmlogik-Bausteine (WIEDERHOLE, WENN, FALL, usw.) oder entsprechende graphische Darstellung (vgl. S. 91 ff).

*8. Schritt *)*

Tätigkeit:
Planen Sie die Ablauflogik der Hauptprogramme bzw. der Unterprogramme im Detail (für „Hauptprogramme", die nur Unterprogramme aufrufen – z.B. Menüs – ist das schon durch Schritt 7 erledigt).

*) Obwohl Schritt 7 und 8 ziemlich ähnlich sind, empfiehlt es sich, *zuerst* die „grobe" Steuerungslogik der Programme und *dann* ihr „Innenleben" zu entwerfen.

Ergebnis:
Ablauflogik der Programme.

Hilfsmittel:
Wie bei Schritt 7.

9. Schritt

Tätigkeit:
Übertragen Sie die Programmlogik nach den Regeln der jeweiligen Programmiersprache in das eigentliche Programm (und übernehmen Sie dabei die Logik als Kommentar in den Programmkopf). Testen Sie das fertige Programm.

Ergebnis:
Programmliste und Testergebnis.

Hilfsmittel:
–

Ob Sie es glauben oder nicht:

1. Schritt 9 dauert in der Praxis etwa so lange wie die Schritte 1-8 *zusammen* (obwohl es hier in der Beschreibung gar nicht so aussieht).
2. Wenn Sie Schritt 1-8 weglassen, sparen Sie nicht 50% der Zeit, sondern 0%! Dann ist die Programmierung mangels guter Vorplanung nämlich doppelt so schwierig!
   Von späteren Änderungen ganz zu schweigen ...

2. Ratgeber für Qualitätsprogramme

In den vorangegangenen Kapiteln haben wir des öfteren darauf hingewiesen, daß ein Programm nicht nur ein einziges Mal geschrieben wird und dann für alle Zeiten Gültigkeit besitzt. Nach der Fertigstellung fallen in der Regel Korrekturen, Änderungen und Erweiterungen an.

Man hat die Anwendungsentwicklung in Unternehmen (also nicht von Privatleuten) auf die Frage hin untersucht, wieviel Prozent der „Programmierer" (im weitesten Sinne) nicht mit Neuentwicklung, sondern mit ***Änderungen*** von bestehenden Programmen ***(Programmwartung)*** beschäftigt sind.
Was glauben Sie, welche Prozentzahl zutrifft? 10%, 20%, 30%, 40%?
Weit gefehlt!

70% (in Worten: SIEBZIG %) der Programmierer ändern nur bestehende Programme! Man möchte meinen, die meisten „Programmierer“ (besser: Entwickler von Anwendungen) erliegen dem

Fundamentalirrtum Nr. 1 „Meine Anwendung ist *fertig*!“

Es gibt Anwendungen bzw. Programme, die 10, 20, ja 100 Mal geändert werden: Erweiterungen werden angebracht, unvermeidliche Fehler werden korrigiert, danach die bei der Korrektur *neu* entstandenen Fehler („Nebeneffekte“) beseitigt, Umstellung von Band-Dateien auf Platten-Dateien vorgenommen usw.

Wie die Programme zum Schluß aussehen, können Sie sich vielleicht vorstellen: Wahre „Patchwork-Programme“, eine Änderung neben der anderen.

Das können und müssen Sie unbedingt vermeiden, wenn Sie die Übersicht behalten wollen. Leicht ist das zwar nicht, aber es geht! Sicherlich ist die Versuchung groß, „auf die Schnelle“ ein Programm zu schreiben und sich darüber zu freuen, wenn es einigermaßen läuft. Die wenigen noch vorhandenen Fehler bügeln Sie aus, denken Sie sich. Was dann herauskommt, sehen Sie in so mancher Programmliste (wie sie sogar von renommierten Computer-Zeitschriften veröffentlicht werden): keine Gliederung, keine Kommentare, keine sichtbare Logik – seitenweise! Mit anderen Worten: Ein unlesbares Programm. Stunden, Tage werden Sie vergeuden, um sich in ein solches Programm einzuarbeiten. Ein Aufwand, der um ein vielfaches höher ist als eine vorherige sorgfältige Planung. Deswegen

Grundregel 1: Erst planen, dann handeln.

Diese Vorgehensweise haben wir Ihnen in den oben genannten Schritten gezeigt. Sie können sich vielleicht vorstellen, wie mühsam es ist, eine falsch entworfene Tabelle zu bereinigen, wenn Sie erst einmal 100 oder 200 (oder 200000) Eintragungen darin gespeichert haben. Deswegen ist es „gefährlich“, ohne vorherige Planung Tabellen zu entwerfen – auch wenn moderne Computer-Software es Ihnen so leicht macht, eine Datei zu definieren.

In unmittelbarem Zusammenhang damit steht die

> Grundregel 2:
> Vom Prinzipiellen zu den Einzelheiten.

Sie haben sowohl bei der Anwendungsgliederung als auch bei der Konstruktion von Programmen gesehen, daß erst eine relativ *grobe* Unterteilung stattfand, dann eine weitere Verfeinerung, bis Sie schließlich zu kleinen, *überschaubaren Elementen* kamen: Datenelemente, Erzeugungsprozesse (EVA-Diagramme), Programme.
Wichtig bei dieser Gliederung war immer die Frage:
Welches Ergebnis soll erzeugt werden?

> Grundregel 3:
> Orientierung an den gewünschten Ergebnissen.

Dieser Grundsatz hängt mit dem „Erst planen, dann handeln" eng zusammen: Moderne Software-Techniken (wie die Ihnen vorgestellte Menü-Technik oder die Möglichkeit, mit einer „Maus" auf dem Bildschirm auf die Dinge zu deuten, die man machen möchte) erleichtern zwar dem Benutzer das Arbeiten mit dem System, fördern andererseits aber blinden Aktionismus, bei dem er durch die Faszination des leichten Umgangs mit dem Gerät völlig aus den Augen verliert, was er eigentlich *erreichen* möchte.

> Grundregel 4:
> Vorsorge für Änderungen.

Vorsorge für den Änderungsfall zu treffen, bedeutet *Zusatzaufwand* bei der ersten Erstellung eines Programmes. Dieser Aufwand, so sehr er Sie anfänglich ärgern mag, macht sich bezahlt!

Hier nur *einige* Ratschläge:

- Verwenden Sie „sprechende" Variablennamen
  (bzw. kommentieren Sie kurze, wenn die Programmiersprache keine langen Namen zuläßt);
- Dimensionieren Sie reichlich Tabellenplatz;
- Nehmen Sie „konstante" Werte als sogenannte ***Parameter*** an den Programmanfang bzw. sogar in eine separate kleine Datei (wenn sie in vielen Programmen vorkommen*);
- Seien Sie verschwenderisch mit ***Kommentaren*** im Programm.

*) In einem Unternehmen kostete das Ändern des MWSt-Satzes von 12 auf 13% einen Programmieraufwand von sechs Monaten, weil der Wert in außerordentlich vielen Programmen geändert werden mußte.

Grundregel 5: Testen Sie die Entwicklungsergebnisse gründlich.

Sicherlich wissen Sie, daß ein *fertiges* Programm getestet wird. Das ist aber genauso sinnvoll, wie eine Brücke zu bauen und sie dann mit 1000 LKW's zu testen, ob sie der Last standhält. Bei allen industriellen Fertigungsprozessen ist es üblich, schon den *Entwurf* gründlich zu überprüfen (im Brücken-Beispiel wird die Statik nachgerechnet).

Sie sollten also schon die grobe ***Anwendungsgliederung*** und die gefundenen ***Objekttypen*** gründlich durchdenken. Sie sollten die auf EVA-Diagrammen festgehaltenen Rechenregeln bzw. ***Erzeugungsprozesse*** kritisch überprüfen, ob sie richtig sind. Sie sollten auch die ***Programmlogik*** simulieren, bevor Sie überhaupt die erste Programmzeile geschrieben haben:

- Sind die Fall-Unterscheidungen (WENN-DANN-SONST) richtig?
- Sind die Schleifen korrekt durchgeführt (besonders beim ersten und letzten Fall)?
- usw.

Dann erst sollte auch noch das *fertige* ***Programm*** getestet werden!
Konstruieren Sie „Testfälle", d.h. Wertekombinationen, deren Ergebnis Sie vorher errechnen und prüfen Sie, ob das Programm zum gleichen Ergebnis kommt.
Sehen Sie ***Fehlermeldungen*** im Programm vor, z.B. für falsche Benutzereingaben.
Die Liste solcher Regeln und Empfehlungen ließe sich sicher noch verlängern – doch Sie sollen und werden Ihre eigenen Erfahrungen im Umgang mit dem Computer sammeln.

Auf jeden Fall sind Sie jetzt in der Lage, bei der Entwicklung von Anwendungen von Anfang an gezielt und systematisch vorzugehen, denn Sie wissen jetzt, worauf es ankommt.

Sie haben jetzt so etwas wie einen

„COMPUTER-FÜHRERSCHEIN"

Seien Sie umsichtig, üben Sie weiter und fahren Sie vorsichtig!

Wir stellen Ihnen im Anhang noch einige spezielle Themen, die Lösungen der Aufgaben und ein Realisierungsbeispiel vor – und dann . . . .

Anhang

Ein Kapitel „Hardware und Software“

Eine kurze Beschreibung der notwendigsten Begriffe.

Zentrale Begriffe im Umgang mit dem Computer sind „Hardware“ und „Software“. Unter ***„Hardware“*** ist die Maschine selbst zu verstehen, also das „anfaßbare“ Gerät, die „harten Sachen“. ***„Software“*** dagegen sind alle Programme, die die Verarbeitungsvorgänge in der Hardware festlegen und den Computer erst richtig (wie man so schön sagt) „zum Laufen bringen“.

Hier an dieser Stelle sollen lediglich die wichtigsten Dinge und Bereiche gezeigt werden, die für das Verständnis der in diesem Buch beschriebenen Tätigkeiten zum Datei- und Programmentwurf von Bedeutung sind. Dabei ist es unwichtig zu wissen, wie ein Computer intern funktioniert.

Wir unterteilen die komplexe Maschine „Computer“ in folgende Funktionsgruppen:

1. Rechenwerk
2. Speicherwerk
3. Steuerwerk
4. Ein- und Ausgabegeräte

1. Das Rechenwerk

Im Rechenwerk findet die eigentliche Datenverarbeitung statt: addieren (+), subtrahieren (-), multiplizieren (x) und dividieren (÷). Zusätzlich können hier Vergleichsoperationen (ist 17 kleiner als 23 oder nicht) durchgeführt werden. Hier werden die Daten miteinander verknüpft und daraus neue Daten erzeugt. Die benötigten Daten werden aus dem Speicherwerk geholt, die erzeugten dorthin zurücktransportiert.

2. Das Speicherwerk

Beim Speicherwerk unterscheiden wir zwischen einem *internen* und einem *externen* Speicher:

- im *internen* Speicher stehen die Daten *vorübergehend,* d.h. die Daten sind verfügbar, solange der Rechner in Betrieb ist. Wird er ausgeschaltet, so sind die Daten verschwunden. „Intern“ heißt er deswegen, weil er meist mit Rechen- und Steuerwerk zusammen in einem Gerät ist. Im internen Speicher befindet sich auch das ***Programm***, das gerade ausgeführt wird;

- im *externen* Speicher stehen die Daten *dauernd* zur Verfügung. Sie werden magnetisch gespeichert (wie auf der Cassette) und bleiben erhalten, auch wenn das Gerät ausgeschaltet ist. „Extern“ heißt er deswegen, weil dafür meist getrennte Baueinheiten vorgesehen sind. Dazu kommt, daß der ***Datenträger*** austauschbar ist (wie in einem Cassettenrecorder, in dem verschiedene Cassetten bespielt und abgespielt werden können).

Bevor wir weiter darauf eingehen, wollen wir etwas zur ***Speicherkapazität*** sagen: Die Speicherkapazität (intern und extern) ist eine sehr wichtige Größe, denn sie bestimmt die Menge der dem Benutzer verfügbaren Daten. Was würde Wissi ein Computer nützen, der nur die Daten über 10 Autos speichern kann?

Da es für die verschiedenen Objekttypen unterschiedliche Mengen von Datenelementen unterschiedlicher Größe gibt, benötigen wir eine neutrale Maßeinheit dafür.
Diese Maßeinheit wird in der Fachsprache ein ***„Byte“*** genannt. In ein Byte paßt grob gesagt ein Buchstabe („B“), eine Ziffer („3“), ein Zeichen („?“). Der Autotyp „Taunus“ (T-a-u-n-u-s) benötigt also zur Speicherung sechs Bytes. Wie bei „Gramm“ rechnet man auch hier in „Kilo“, ein „kByte“ oder „kB“ sind etwa[1]) 1000 Bytes. Wird also über einen Computer gesagt: „Der interne Speicher hat eine Kapazität von 32 kBytes“, so heißt das: die Kapazität des Speichers bemißt sich auf ca. 32000 Zeichen; das sind etwas über 10 Schreibmaschinenseiten Text à 50 Zeilen von je 60 Zeichen.

Der *vorübergehende* Speicher wird bei Großrechnern als „Hauptspeicher“ bezeichnet, bei kleineren Rechnern oft einfach als „RAM“[2]). Ein Rechner mit 64 kB RAM hat also eine vorübergehende Speicherkapazität von ca. 64000 Zeichen.

---

[1]) „etwa“, weil es aus technischen Gründen genau 1024 sind.
[2]) „random access memory“ = Speicher mit direktem Zugriff.

Wenn Sie in einer Anzeige „ROM“[3]) lesen, so ist das kein Druckfehler. Er bedeutet nur, daß per Programm in den Speicher nichts hineingeschrieben werden kann. Dies ist ein „ganz interner Privatspeicher“ des Rechners, der dem Benutzer nicht zugänglich ist. Er wird z.B. für das (s.u.) „Betriebssystem“ benötigt.

Der vorübergehende, interne Speicher ist technisch in Form von Elektronik-Bauteilen realisiert, auf sog. „Chips“. Da diese im Computer fest eingebaut sind und sich dem Zugriff des Benutzers entziehen, wollen wir nicht näher auf sie eingehen.

Interessanter sind die (auswechselbaren!) *externen* oder *Dauerspeicher*:

– Magnetbänder (Cassetten)
– Magnetplatten (Disketten).

Die „Disketten“ nennt man auch „floppy disk“, weil sie wie eine Schallplatte aussehen, die eine magnetische Oberfläche hat und weich (floppy) ist, also biegsam. Der Unterschied zwischen beiden ist die Art des ***„Zugriffs“***, bei Bändern „sequentiell“, bei Platten „direkt“. Das heißt, die „sequentielle“ oder fortlaufende Anordnung der Datensätze auf einem Band erfordert zum Aufsuchen des z.B. dritten Satzes das Durchlaufen der ersten beiden. Bei einer Magnetplatte (Diskette) sind die Datensätze für einen direkten Zugriff gespeichert (so, wie bei einer Schallplatte die Nadel direkt auf das 3. Stück aufgesetzt werden kann).

3. Das Steuerwerk

Das ist die Schaltstelle, der Koordinator des Computers. Hier werden die einzelnen Schritte des Programms ausgeführt, das sich im internen Speicher befindet. Das Steuerwerk setzt die Befehle des Programms um: es holt die Daten aus dem Speicher, aktiviert das Rechenwerk, speichert die Ergebnisse der Rechnung wieder ab und führt – abhängig von Resultaten von Vergleichsoperationen – den nächsten oder einen anderen Befehl des Programms durch.

Das Rechenwerk, das Steuerwerk und der Interne Speicher sind als Geräte meist in der sogenannten „Zentraleinheit“ zusammengefaßt.

4. Ein- und Ausgabegeräte

Wir beschränken unsere Betrachtung auf ein exemplarisches Ein- und Ausgabegerät, das es bei kleinen Computern wie auch bei großen Datenverarbeitungsanlagen in Unternehmen gibt.

[3]) „read only memory“ = Speicher, der nur gelesen werden kann.

Zur

- Eingabe dient eine ***Tastatur***
- Ausgabe dient ein ***Bildschirm*** und meist daneben ein ***Drucker***.

Dabei ist es unerheblich, ob Tastatur und Bildschirm miteinander verbunden sind oder ob es sich bei letzterem gar um den häuslichen Fernseher handelt.

Hardware sind also die Geräte – damit kann man Daten ...

Software dagegen sind, wie gesagt, die Programme. Dazu gehören

- Programme, die der Benutzer selbst geschrieben hat (darüber haben wir im Kapitel 2.4 etwas gesagt);
- Programme für Anwendungen, die man kaufen kann („Fertigsoftware"). Sie werden z.B. auf Disketten geliefert;
- Programme, die vom Hersteller zur Verfügung gestellt werden und die häufig wiederkehrende Arbeiten erledigen („Betriebssoftware").

Zur Betriebssoftware gehören

- das ***Betriebssystem:*** Programme, die die Steuerung und Synchronisation der verschiedenen Hardwarekomponenten übernehmen und den Datenaustausch zwischen ihnen steuern.
  „Dienstprogramme" erlauben z.B. das Kopieren von Dateien oder Programmen von einer Diskette auf die andere. Sie erledigen auch die Verwaltung von Programmbibliotheken und Dateien auf den externen Speichern ... und vieles andere mehr.
- ***Compiler*** „übersetzen" die Befehle der Programmiersprache (die Sie in Kap. 2.4 kennengelernt haben) in die interne „Maschinensprache", die vom Steuerwerk interpretiert werden kann. Das Steuerwerk verarbeitet nämlich einen Befehl wie „IF...THEN..." gar nicht direkt, sondern nur als eine Folge von maschineninternen Zeichen, die allerdings für den Menschen nahezu unverständlich ist.

Mehr wollen wir hier nicht darüber sagen. Es ist schon so viel darüber geschrieben worden.
Und schließlich war ja unser Hauptthema ...

Lösungen der Quizfragen

Hier finden Sie die richtigen Antworten auf die Quizfragen und die Punkte, die Sie mit Ihren Lösungen erreicht haben.

Auf den nachfolgenden Seiten sehen Sie die Quizfragen mit den darin eingetragenen Lösungen.
Für die richtige Lösung gibt es 1, 2 oder 3 Punkte, so, wie es neben der Lösung angegeben ist. Beurteilen Sie selbst, wieviel Punkte Sie sich geben wollen, wenn Ihre Antwort mit der Lösung nur *teilweise* übereinstimmt. Sammeln Sie Ihre Punkte auf einem gesonderten Blatt, um am Ende die Gesamtpunktzahl ermitteln zu können.

Punkte

1. Wird ein Gegenstand unter Datenverarbeitungs-Gesichtspunkten immer durch „Datenelemente“ beschrieben?

   ja (1)

2. Kann und darf es für ein Datenelement mehr als einen Namen geben?

   – kann ja (1)

   – darf nein!! (1)

3. Warum ist die Bedeutung eines Datenelement-Namens wichtig?

   Weil sie genau beschreibt, was das Datenelement als Aussage beinhaltet. (1)

4. Warum wird zwischen Datenelement-Namen und -Inhalt unterschieden?

   Weil *ein* Name für verschiedene Gegenstände verschiedene Inhalte haben kann. (2)

5. Wie würde diese Auto-Anzeige im Formular eingetragen werden?

> **Taunus L** 1600, 1979, TÜV 7/84, 30 800 km, 5900,-, Mazda, Lichterfelde, Wismarer Str. 17 63 63

NAME	INHALT
Autotyp	Taunus L
Hubraum (l)	1.6
Ez.	79
TÜV	7/84
Laufleistung (km)	30800
Extras	–––
Preis	5900,–
Festpreis	?
Verkäufer (Tel.)	176363

(3)

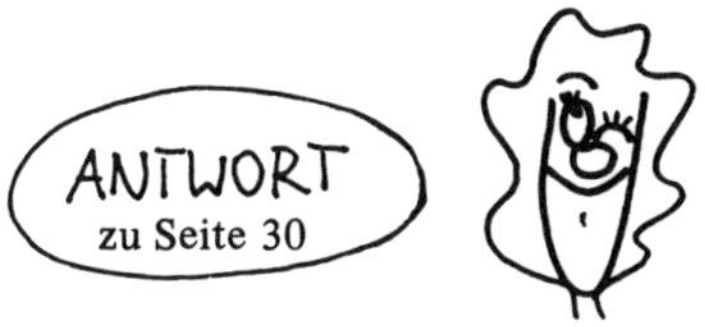

Punkte

1. Was ist ein Schlüssel/oder wozu dient ein Schlüssel?

   Ein Schlüssel ist ein Datenelement (oder eine Kombination aus mehreren) zur eindeutigen Identifikation von Objekten — (3)

2. Kann es zwei Gegenstände (Objekte) mit gleichem Schlüssel geben?

   Nein, ein Schlüssel muß immer eindeutig sein. — (2)

3. Kann ein Gegenstand (ein Objekt) mehr als einen Schlüssel haben?

   Ja. — (1)

4. Muß ein „Objekttyp" immer eine Menge *realer* Gegenstände sein?

   Nein, z.B. das Ereignis „Reise" ist abstrakt. — (1)

5. Ein Makler vermittelt Wohnungen. Mit welchen „Objekttypen" wird er es zu tun haben und welches sind deren Schlüssel?

Objekttyp	*Schlüssel*	
Wohnung	Wohnungsnummer	(1)
Kunde	Kundennummer	(1)
Vermieter/Besitzer	Name, Anschrift	(1)

Punkte

1. Was bedeutet der Pfeil 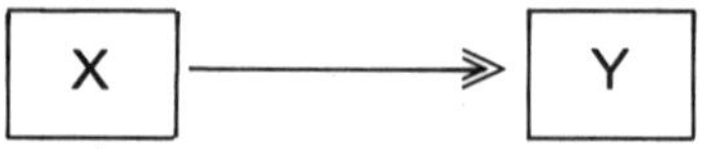

genau?

Zu einem X gehören beliebig viele (0, 1, 2, ...) Y. (1)

2. Was bedeutet folgendes Bild?

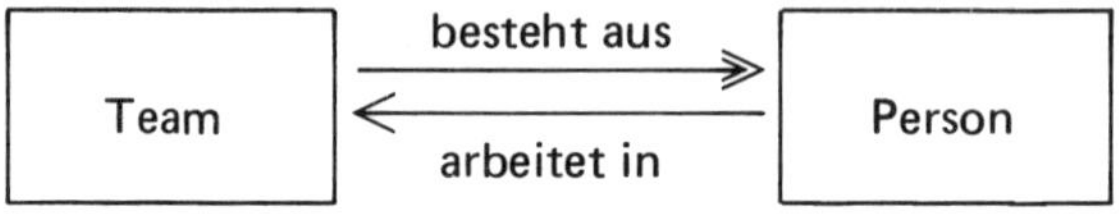

Ein Team besteht aus mehreren Personen (evtl. nur 1 oder 0), (1)

eine Person arbeitet in genau einem Team. (1)

3. Wie zeichnen Sie folgende Aussage:

Eine Person besitzt keine, eine oder mehrere Wohnung(en); eine Wohnung gehört immer nur genau einer Person.

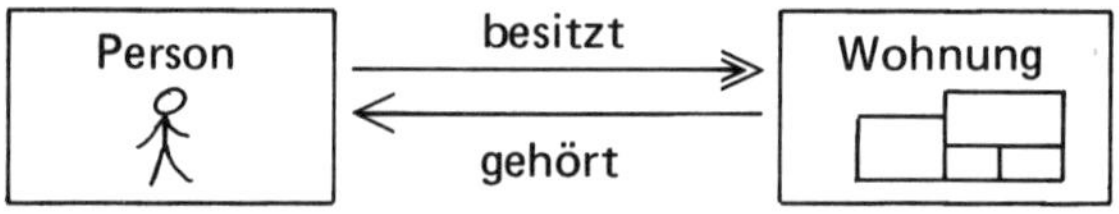

(2)

4. Welche der folgenden Bezeichnungen ist ein Objekt, welche ein Objekttyp?

„Grundstück"	ist ein	Objekt*typ*	(1)
„Herr Müller"	ist ein	Objekt	(1)
„Eiffelturm"	ist ein	Objekt (*der* Turm namens ...)	(1)
„Brücke"	ist ein	Objekt*typ*	(1)

5. Welche Beziehung besteht zwischen dem Objekttyp „Auto" und dem Datenelement „Name des Vorbesitzers"?

Eine Mehrfach-Beziehung 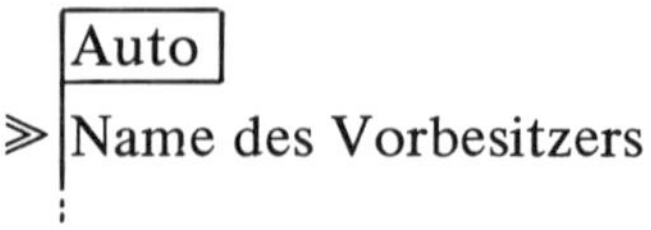

(3)

Punkte

1. Welche Analogien gibt es zwischen einem „Datenbestand" und einer „Tabelle"?

   a) Ein Satz im Datenbestand ist eine Zeile in der Tabelle (1)

   b) Ein Feld im Datenbestand ist eine Spalte in der Tabelle (1)

2. Ergänzen Sie folgenden Satz: „Jeder Satz im Datenbestand (jede Zeile in einer Tabelle) muß durch einen Schlüssel (ein oder mehrere Datenelemente) eindeutig identifiziert sein. Der Datenbestand (die Tabelle) ist nach dem Schlüssel sortiert. (2)

   NB: Gilt das für den Datenbestand „Telefonbuch"?

   Nein, weil es nach dem (nicht eindeutigen) Namen sortiert ist (siehe „Maier"). (1)

3. Welche Forderung / Regel ist durch folgende Tabelle verletzt und wie bringen Sie das in Ordnung?

   RUFNUMMERNVERZEICHNIS:

(<u>*Ortsnetznr.,*</u>	<u>*Teiln.Nr.,*</u>	Teiln.Name / Vorname,	Ort, Straße / Nr.) *)
z.B. 030	2117766	Maier, Willi	Berlin Ottostr. 12

   Regel 2 ist verletzt, weil „Ort" nur von einem *Teil* des (Kombinations-) Schlüssels abhängt (nämlich der Ortsnetznr.).
   Abhilfe durch Extra-Tabelle für Orte ergibt
   Tab. 1: RUFNUMMERNVERZEICHNIS wie oben, *ohne* „Ort"
   Tab. 2: ORTE (<u>*Ortsnetznr.,*</u> Ort) *)
   030 Berlin (3)

4. Beantworten Sie die gleiche Frage für folgende Tabelle:

   HÄNDLERVERZEICHNIS:

(<u>*Händlernr.,*</u>	Name,	PLZ,	Ort,	Straße / Nr.) *)
z.B. 4973	Heufeld	2488	Feigen	Hauptstr. 31
4980	Auto-Vera	1000	Berlin	Ottokarplatz 2
4988	Hupe KG	1000	Berlin	Karlsring 23
4995	Klinger	6900	Heidelberg	Bergstr. 61

*) Schlüssel der Tabellen unterstrichen

Punkte

Regel 3 ist verletzt, weil Spalten untereinander abhängen (PLZ ↔ Ort).
Abhilfe durch Extra-Tabelle für Orte ergibt
Tab. 1: HÄNDLERVERZEICHNIS wie oben, ohne „Ort"
Tab. 2: POSTLEITVERZEICHNIS (*PLZ*, „Ort")
1000 Berlin ③

5. Verschiedene Werkstätten können verschiedene Automarken reparieren und haben für die jeweilige Marke Ersatzteile oder nicht. Welche Fragestellungen können mit folgender Tabelle beantwortet werden?

WERKSTATTVERZEICHNIS:

(*Werkstatt-Name*,	*Automarke*,	Ersatzteillager ja / nein)
Auto-Vera	Alfa	–
Auto-Vera	Audi	X
Hupe KG	Alfa	X
Hupe KG	VW	–

Fragestellungen: welche Marken repariert eine Werkstatt X?
welche Werkstätten reparieren eine Marke Y?
welche Werkstätten haben für welche Marken Ersatzteillager? ③

Punkte

1. In welche 3 Arten kann man die Tätigkeiten der Datenverarbeitung grob unterteilen?

   Pflege von Datenbeständen, kurz: Eingabe (1)

   Auswertung / Verarbeitung / Erzeugung von Ergebnissen, kurz: Verarbeitung (1)

   Abfrage von Datenbeständen kurz: Ausgabe (1)

2. Welches sind die 3 wesentlichen Operationen bei der Pflege von Datenbeständen?

   Einfügen, Löschen und Ändern von Datensätzen (3)

3. Was ist eine „Abfragesprache"?

   Ein Programm, das die Auswahl von Sätzen aus einem Bestand nach Inhalten von Datenfeldern gestattet. (2)

4. Welche 3 Sachverhalte dokumentieren Sie (am besten formularmäßig) bei der Datenverarbeitung im engeren Sinne?

   – die zu erzeugenden Daten, (1)

   – die benötigten Daten, (1)

   – die Erzeugungsprozesse / Verarbeitungsschritte. (1)

5. Was ist Textverarbeitung?

   Die Manipulation freier Texte durch Benutzer-Befehle und / oder Aufbereitungsprogramme. (2)

Punkte

1. Welches Ziel verfolgen wir bei der Gliederung einer Anwendung?

   Ziel der Gliederung ist es, zu kleinen, überschaubaren Einzelheiten zu kommen, die für sich isoliert betrachtet werden können. (2)

2. Nach welchen Gesichtspunkten wird eine Anwendung in Hauptgruppen (auf der 1. Ebene) zerlegt?

   Auf der 1. Ebene wird gegliedert nach E/V/A bzw. Pflege / Auswertung / Abfrage. (3)

3. Nach welchen Gesichtspunkten werden die Hauptgruppen (1. Ebene) auf der 2. Ebene zerlegt?

   Auf der 2. Ebene wird gegliedert nach Objekttypen. (1)

4. Kann eine Anwendungsgliederung mehr als 2 Ebenen haben?

   Ja.

5. Wo werden Erzeugungsprozesse für Datenelemente beschrieben und auf welcher Ebene der Gliederung sind diese Beschreibungen zu finden?

   Erzeugungsprozesse werden in EVA-Formularen beschrieben; (1)

   es gibt sie für die letzte / unterste Ebene der Anwendungsgliederung. (1)

Punkte

1. Welche Programmbausteine gibt es?

   Sequenz, Alternative, Wiederholung / Schleife (2 Varianten) (3)

2. Bilden Sie folgende Verarbeitungsregel in einem Baustein ab: „Für Festangestellte beträgt das Urlaubsgeld 80 % des Gehaltes, für andere Mitarbeiter 70 %."

WENN Festangestellter
DANN
Url. Geld 80% d. Geh.
SONST
Url. Geld 70% d. Geh.
ENDE

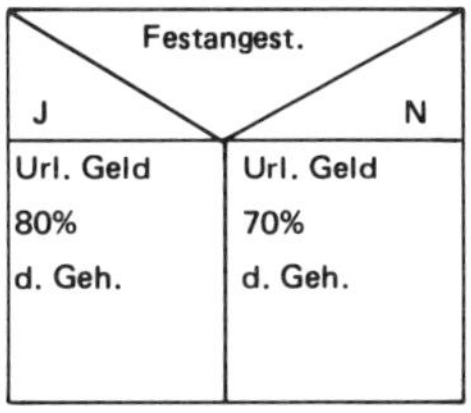

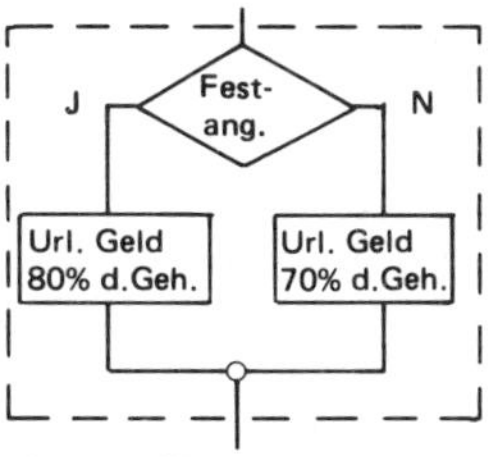

(3)

3. Bilden Sie folgende Verarbeitungsregel in einem Baustein ab: „Ein Mitarbeiter hat 13 Datenelemente mit (unterschiedlichen) Monatsgehältern. Es soll das Jahresgehalt durch Summieren der Monatsgehälter errechnet werden."

Jahresgehalt = 0
WDH. BIS 13. Mon. Geh.
addiert
Addiere Mon. Geh.
zu Jahresgeh.
ENDE

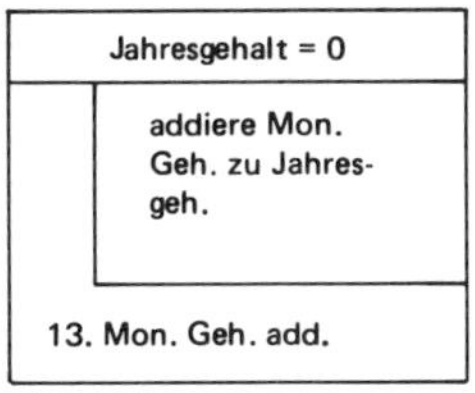

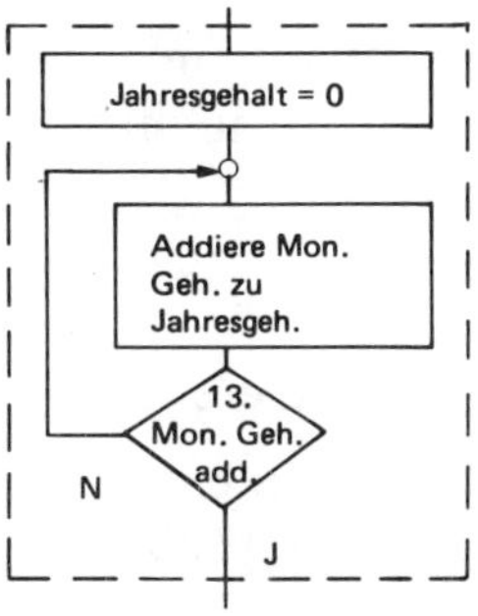

(3)

4. Welches ist der wichtigste Unterschied zwischen WIEDERHOLE SOLANGE und WIEDERHOLE BIS?

   Bei WIEDERHOLE BIS wird „Aktion" mindestens 1 Mal ausgeführt,
   bei WIEDERHOLE SOLANGE evtl. gar nicht. (2)

5. Welchen Vorteil hat die Dokumentation von Programmbausteinen *ohne* graphische Elemente?

   Sie kann als Kommentartext im Programm stehen und macht weniger Arbeit. (2)

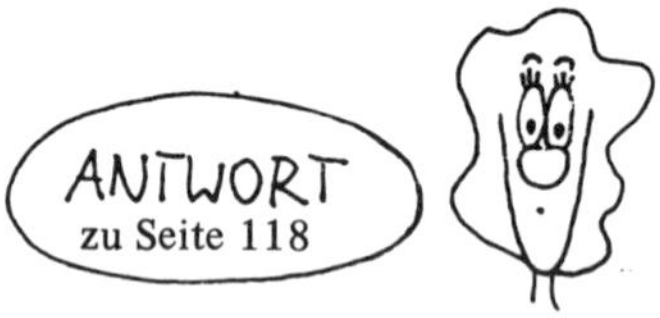

Punkte

1. Wie nennt man die Abbildung eines Datenelementes im Programm?

   Variable (1)

2. Was ist der Unterschied zwischen numerischen und alphanumerischen Variablen?

   Mit numerischen Variablen kann man rechnen, mit alphanumerischen nicht, auch wenn sie nur Ziffern enthalten. (2)

3. Können in einer Variablen gleichzeitig *mehrere* Werte gespeichert werden?

   Ja, als „Kolonne". (2)

4. Können die Programmbausteine (z.B. WENN...DANN...SONST oder WIEDERHOLE...BIS) in Programmiersprachen direkt abgebildet werden?

   Es kommt darauf an: einige Programmiersprachen haben genaue Abbildungen, andere nicht. (2)

5. Schreiben Sie die BASIC-Befehle, die zu einem gegebenen Betrag B, abhängig vom MWSt.-Schlüssel M, nach folgender Logik die Mehrwertsteuer addieren:

   WENN MWSt.-Schlüssel = 1
   DANN addiere volle MWSt.
   SONST addiere halbe MWSt.
   ENDE

   (Achtung: es gibt eine gute und eine sehr gute Lösung!)

```
S = 14                    REM  MWST.-SATZ        ← sehr gut!   (1)

IF M = 1 THEN B = B * ( 1 + S / 100)
          ELSE  B = B * ( 1 + S / 200)                          (2)
```

ODER

```
IF M = 1 THEN B = B * 1.14
                                                                (2)
          ELSE  B = B * 1.07
```

Auswertung der Quizfragen

Skala *Punkte und Ergebnis*

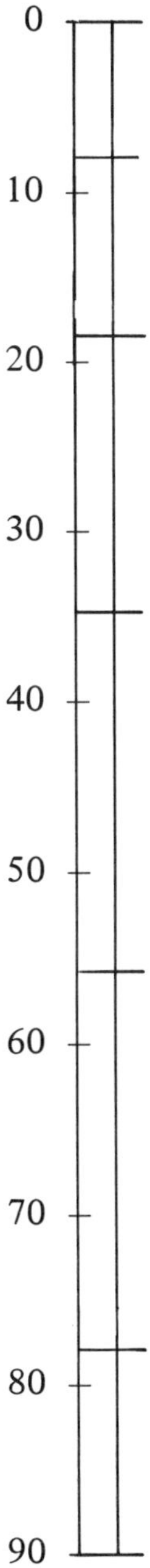

0 – 7:
Sie haben sich wohl nur die Wissis angeschaut?! Lesen Sie doch auch einmal den *Text* !

8 – 18:
Lassen Sie die Finger vom Computer, dann haben Sie mehr Spaß am Leben. Ihre Stärken liegen auf anderen Bereichen!

19 – 34:
Sie zeigen gute Ansätze, aber Sie könnten mit ein wenig mehr Mühe und Nachdenken bessere Ergebnisse erzielen. Wenn Sie die Materie wirklich interessiert, geben wir Ihnen den Rat: steigen Sie doch noch mal ein! Die Mühe lohnt sich!

35 – 56:
Sie haben wirklich von diesem Buch profitiert! Durch mehr Übung und eine gezielte Bearbeitung ihrer „Schwachstellen" können Sie noch besser werden. Wenn Sie mit Computern arbeiten wollen, raten wir Ihnen dazu. Für einen allgemeinen Überblick ist Ihr Informationsstand jedoch ausreichend.

57 – 77:
Gratulation! Sie haben eine Menge gelernt und große Fortschritte gemacht. Zwar sind Sie noch nicht Spitzenklasse, aber wir trauen Ihnen zu, es zu werden. Die Voraussetzungen dazu bringen Sie auf jeden Fall mit.

78 – 90:
Top-Spitze! Sie sind der geborene EDV-Fachmann. Satteln Sie auf EDV um (falls Sie nicht schon dort tätig sind)!

Begriffskatalog

Definition der wichtigsten Begriffe zum Nachschlagen.

Wir haben hier noch einmal die wichtigsten Begriffe mit ihren Definitionen zusammengestellt und teilweise mit Beispielen versehen. Daneben stellen wir z.T. auch die (manchmal englischen) Formulierungen, die von EDV-Fachleuten dafür verwendet werden – denn wir haben ja bewußt statt dieser Fachsprache einfachere, anschaulichere Begriffe verwendet.
Für Gespräche und Diskussionen mit EDV-Fachleuten ist es wichtig, „eine gemeinsame Sprache" zu haben. Dabei gilt folgendes:

1. Manchmal sind unsere Begriffe mit dem EDV-Fachausdruck*) identisch (z.B. „Datei");
2. Manchmal wird in der EDV neben unserem Begriff auch ein anderer verwendet (z.B. „Relation" neben „Tabelle");
3. Manchmal wird in der EDV *immer* ein anderer Begriff verwendet (z.B.: „DO UNTIL" statt „BIS-SCHLEIFE").

Die Hardware-Begriffe sind im Anhang in konzentrierter Form erklärt und werden an dieser Stelle nicht noch einmal wiederholt.

Wenn innerhalb der Begriffserklärung auf einen anderen Begriff im Katalog verwiesen wird, ist das durch einen Pfeil (→) angedeutet.

Ändern eines Datensatzes 71

Das Ändern eines →Datensatzes in einer →Datei erfolgt durch die inhaltliche Modifikation eines durch seinen →Schlüssel identifizierten Satzes in einzelnen oder allen Datenelementen (mit Ausnahme des Schlüssels).
* EDV-Fachausdruck (engl.): update

Abfrageprogramm 96

Ein Abfrageprogramm ist ein „allgemeines" Programm, das mit Hilfe einer →Abfragesprache erlaubt, Sätze aus einem Datenbestand nach den Inhalten von Datenelementen auszuwählen. „Allgemein" ist das Abfrageprogramm deswegen, weil es für mehrere verschiedene Dateien und (nahezu) beliebige Bedingungen geschrieben ist und erst durch konkrete Angaben dieser Werte für eine ganz spezielle Auswertung sorgt.
* EDV-Fachausdruck (engl.): query program

Abfragesprache 72ff

Eine Abfragesprache ist eine →Programmiersprache, die es erlaubt, Auswahlkriterien (→Bedingungen) für Sätze aus einem Datenbestand nach den Inhalten von Datenlementen

*) „Der EDV-Fachausdruck" existiert oft gar nicht – es gibt manchmal für einen Begriff viele verschiedene Bezeichnungen.

zu formulieren, die in der Regel nicht Schlüssel sind. Diese Abfragesprache ist Teil des →Abfrageprogramms, das die Auswahl der Sätze vornimmt und die ausgewählten Sätze am Bildschirm anzeigt oder einer weiteren Verarbeitung zuführt.

Bsp.: SUCHE MITARBEITER MIT GESCHLECHT='M' UND GEHALT ÜBER 4000

* EDV-Fachausdruck (engl.): query language

Ablauflogik 96, 125, 139

→Programmlogik

Alphanumerisch 106, 130

Alphanumerisch nennt man →Datenelemente bzw. →Variablen, deren Inhalt alle Zeichen sein können, mit denen also keine arithmetischen Operationen möglich sind (auch dann, wenn ihre Inhalte nur aus Ziffern bestehen, wie z.B. bei der Postleitzahl).

Vergl. →Numerisch

Alternative 91ff
Alternativ-Baustein

Eine Alternative ist ein →Programmbaustein, der durch die Wahl zwischen 2 Bausteinen aufgrund einer →Bedingung entsteht. Im Ablauf wird entweder der eine oder der andere Baustein ausgewählt.

Vergl.: →Sequenz und →Wiederholung

* EDV-Fachausdruck (auch): IF-THEN-ELSE

Anwendung 80

Eine Anwendung ist eine Menge von zusammengehörigen Tätigkeiten der Datenverarbeitung, ein Arbeitsgebiet. Eine Anwendung wird als geschlossenes System von einer anderen Anwendung unterschieden. Letztlich ist es die Entscheidung dessen, der Anwendungen (zum Zwecke der Übernahme auf Computer) untersucht, was er als **eine** Anwendung definieren will.

Bsp.: Lagerhaltung, Haushaltsbuch-Führung, Gebrauchtwagenbörse, Hausverwaltung, Materialbedarfsrechnung, Finanzbuchhaltung.

* EDV-Fachausdruck (engl.): application

Anwendungsentwicklung 133ff

Anwendungsentwicklung ist die Summe von Tätigkeiten zur Entwicklung von →Anwendungen. Diese Tätigkeiten können grob in 2 Gruppen unterteilt werden:

– Tätigkeiten der Planung, des Entwurfes;
– Tätigkeiten der Ausführung, der Realisierung.

Anwendungsentwicklung untersucht immer 2 Bereiche der Anwendung:

– die Daten der Anwendung;
– die Prozesse, die mit den Daten stattfinden..

* EDV-Fachausdruck (engl.): application development

Anwendungsgliederung 80ff, 137

Als Anwendungsgliederung bezeichnet man die Zerlegung von Anwendungen, d.h. in einem Prozeß „fortschreitender Verfeinerung" werden logisch zusammengehörige Teile in mehreren Stufen so lange gebildet, bis kleine überschaubare Einzelaufgaben der Anwendung sichtbar werden. Diese werden i.allg. auf →EVA-Formularen beschrieben. Die Darstellung der Anwendungsgliederung erfolgt meist als →Baumstruktur.

* EDV-Fachausdruck (auch): Anwendungsstruktur (für „Gliederung“ als Ergebnis), top-down-Vorgehen (für „Gliederung“ als Vorgehen).

Attribute 43, 50

Attribute sind Eigenschaften von Gegenständen (→Objekten), die diesen Gegenstand beschreiben. Sie werden in der Form von →Daten formalisiert abgebildet. „Formalisiert“ bedeutet, daß Eigenschaften in Zahlenwerte oder Zeichenfolgen (Text) umgeformt werden.

Bsp.: Die Eigenschaften eines Autos, nämlich seine Höchstgeschwindigkeit und sein Fahrkomfort werden zu Daten(elementen):
Höchstgeschwindigkeit (km/h) = 170
Fahrkomfort = sportlich

Auslöser 82

Ein Auslöser ist ein Ereignis oder ein Zeitpunkt, zu dem ein Verarbeitungsprozeß oder eine →Anwendung in Gang gesetzt wird.

Bsp.: Auslöser für eine (monatliche) Verdienstabrechnung ist der Zeitpunkt „Monatsende“ (genauer: erster Arbeitstag im neuen Monat); Auslöser für die Anwendung „Auftragsbearbeitung“ ist das Ereignis „Eingang einer Kundenbestellung“.

Baumstruktur 81ff

Eine Baumstruktur ist die zeichnerische Darstellung einer hierarchischen Gliederung in mehreren Ebenen ähnlich der eines Stammbaumes. Sie kann zur Verdeutlichung verschiedener Zusammenhänge verwendet werden, z.B. als „Organisationsdiagramm“ einer Firma oder Behörde. In der →Anwendungsentwicklung wird sie zur Darstellung einer →Anwendungsgliederung in dem Sinne verwendet, daß jeder Kasten inhaltlich identisch ist mit der Summe der unter ihm befindlichen Kästen.

Eine Baumstruktur ist in der Regel übersichtlicher als die Darstellung einer Gliederung als →Kuchendiagramm.

Bedingung 73, 91

Eine Bedingung ist ein Tatbestand, der entweder erfüllt (wahr) oder nicht erfüllt (falsch) ist. Er wird in der Datenverarbeitung meist in folgender Form geschrieben:

	Datenelement	Vergleichsoperator	Wert (oder Datenelement)
Bsp.:	Kontostand	> (= größer)	3000
	Kontostand	< (= kleiner)	Limit
	Resultat	=	0

Eine Kombination von Bedingungen ist wieder eine Bedingung, z.B.

Bedingung-1 UND Bedingung-2

ist wieder „wahr“ oder „falsch“. In der Elektronischen Datenverarbeitung wird für „wahr“ der Zahlenwert 1 und für „falsch“ der Zahlenwert 0 genommen.

Bedingungen werden in →Abfragesprachen, in der →Schleife (→Wiederholung) und im →Alternativ-Baustein verwendet.

* EDV-Fachausdruck (auch): Boole'scher Ausdruck, Logischer Ausdruck; engl.: condition

Beziehung
32ff, 136

Eine Beziehung ist eine Verknüpfung zwischen →Objekten untereinander oder zwischen Objekten und Datenelementen. D.h., zwischen einem bestimmten Objekt und einem (oder mehreren) bestimmten anderen wird eine Verbindung hergestellt. Dabei werden der Name der Beziehung und die Häufigkeit der Objekte festgehalten. Zwischen einem Objekt**typ** und einem anderen können **mehrere** unterschiedliche Beziehungen bestehen.
Beziehungen können graphisch dargestellt werden.

Bsp.: Beziehungen zwischen „Wohnung" und „Person":

	–– Beziehungsname ––	––– Häufigkeit –––	
Eine Wohnung	wird bewohnt von	beliebig vielen	Personen.
Eine Wohnung	hat als Hauptmieter	genau 1	Person.
Eine Person	besitzt	beliebig viele	Wohnungen.

BIS-Schleife
94ff

Eine BIS-Schleife ist eine →Schleife, in der Programmschritte solange wiederholt werden, **bis** eine bestimmte →Bedingung erfüllt ist. Die Bedingung gilt also für das **Verlassen** der Schleife. Sie wird **nach** den Programmschritten geprüft, so daß diese **mindestens 1 Mal** durchlaufen werden.
* EDV-Fachausdruck (nur): DO UNTIL

DANN-Zweig
92ff, 101

Der DANN-Zweig ist der →Programmbaustein in einer →Alternative, der abgearbeitet wird, wenn die →Bedingung der Auswahl erfüllt ist.
* EDV-Fachausdruck (nur): THEN-Zweig

Datei
44

→Datenbestand

Dateiende
100ff

Dateiende ist die vom Computer beim Abarbeiten von →Dateien feststellbare und durch ein Befehlswort in →Programmiersprachen erkennbare Bedingung (Zustand, Tatbestand), daß beim Lesen der Datei kein Datensatz mehr gefunden wurde, d.h., der letzte Datensatz schon verarbeitet wurde.
* EDV-Fachausdruck (auch): engl.: →EOF (end of file)

Dateipflege
Dateiverwaltung
68ff

Dateiverwaltung ist die Pflege von Dateien durch (allgemeine) Dateiverwaltungsprogramme, die das →Einfügen, →Löschen und →Ändern von →Datensätzen erlauben.
* EDV-Fachausdruck (engl.): update (oft als Überbegriff für „insert", „delete" und „update" zusammen, vergl. Verweise oben).

Daten
13ff

Daten sind Aussagen über Gegenstände (→Objekte), genauer: über Eigenschaften von Gegenständen (→Attribute). Diese Aussagen liefern Informationen in Form von Zahlen oder Text.

Bsp.: Die Eigenschaften eines Grundstückes:
Größe eines Grundstückes (qm) = 1000
Zustand eines Grundstückes = unbebaut

Datenbestand 44, 68ff

Ein Datenbestand ist eine geordnete Sammlung von →Datensätzen. „Geordnet" heißt, daß jeder Satz im Bestand seinen wohldefinierten Platz hat. Wir haben hier den Datenbestand der →Tabelle gleichgesetzt, obwohl eine Tabelle ein Sonderfall eines Datenbestandes ist (nämlich, daß nur **eine** Art von Sätzen im Bestand existiert, sog. „flat file"). Im allgemeinen Fall können verschiedene Satzformate in einem Datenbestand vorkommen (was dessen Verarbeitung allerdings schwieriger macht).

* EDV-Fachausdruck (auch): engl.: data set, file

Datenelement 15ff, 136

Ein Datenelement ist die kleinste Einheit von →Daten, d.h. eine elementare Aussage, die nicht weiter zerlegt wird. Ein Datenelement hat einen Namen (daran geknüpft eine bestimmte Bedeutung), eine Maßeinheit und einen Inhalt.

Bsp.: NAME	BEDEUTUNG	MASSEINHEIT	INHALT
Hubraum	Volumen der Zylinder eines Motors	ccm	1850

→Attribute von →Objekten werden in Datenelementen abgebildet, dabei sind Name, Bedeutung und Maßeinheit für alle Objekte gleich, aber die Inhalte in der Regel verschieden. Die Festlegung dessen, was ein Datenelement ist, ist z.T. willkürlich, d.h. abhängig von den Informationsbedürfnissen.

Bsp.: Ist „Erstzulassung" (Inhalt z.B. 10/78) ein Datenelement oder interessieren Ez.-Monat und Ez.-Jahr getrennt?

* EDV-Fachausdruck (auch): Feld (in Dateien, Listen), Variable (in Programmen)

Datensatz 44

Ein Datensatz ist eine Zusammenstellung von →Datenelementen, die als zusammengehörig betrachtet werden bzw. in einer →Datei zusammen geführt werden. Er ist in der Regel die Summe aller ein →Objekt beschreibenden →Attribute. Man kann sich einen Datensatz als Zeile einer →Tabelle vorstellen.

* EDV-Fachausdruck (auch): Satz, engl.: record

Datenverarbeitung 67ff

Datenverarbeitung im weiteren Sinne ist

- die Pflege eines →Datenbestandes,
- die Auswahl aus einem Datenbestand,
- die Verknüpfung von Daten aus Datenbeständen.

Letzteres ist Datenverarbeitung im engeren Sinne, nämlich die Erzeugung neuer Daten aus schon vorhandenen.

Vergl.: →Erzeugungsprozeß

Dialogverarbeitung 113

Als Dialogverarbeitung bezeichnet man die Ausführung von →Programmen, in denen an einem Bildschirm Meldungen an den Benutzer ausgegeben werden bzw. Fragen an ihn gestellt werden (z.B. in der Form von →Menüs) und aufgrund seiner Antwort über die Tastatur unterschiedliche Programmteile durchlaufen werden.

Direkte Organisation 44

Als Direkte Organisation bezeichnet man die Speicherungsform von →Datensätzen, bei der jeder einzelne Satz direkt aufgrund seines →Schlüssels gefunden werden kann. (Technisch meist auf Disketten bzw. Magnetplatten realisiert).

Vergl.: →Sequentielle Organisation

Einfügen eines Datensatzes 69ff

Das Einfügen eines →Datensatzes in eine →Datei erfolgt durch den Einschub des Satzes mit Hilfe seines (eindeutigen) →Schlüssels an der richtigen Position innerhalb der Sortierordnung der Datei.

* EDV-Fachausdruck (engl.): insert

Erzeugungsprozeß 74, 138

Ein Erzeugungsprozeß ist die exakte Beschreibung der Verarbeitungsschritte (z.B. Rechenformeln) zur Erzeugung neuer Datenelemente aus vorhandenen (→Datenverarbeitung im engeren Sinne). Ein Erzeugungsprozeß wird in →EVA-Formularen beschrieben.

EOF 111ff

→Dateiende

EVA-Formular 74ff, 139

Ein EVA-Formular dient zur genauen Beschreibung der →Erzeugungsprozesse von Datenelementen, wobei neben dem Erzeugungsprozeß (V=Verarbeitung) die zu erzeugenden Datenelemente (A=Ausgabe) und die benötigten Datenelemente (E=Eingabe) durch Eintragung in die entsprechenden Formularspalten getrennt werden.

Fremdschlüssel 39, 136

Ein Fremdschlüssel ist ein von einem Gegenstand (→Objekt) bekanntes →Datenelement (→Attribut), das auch →Schlüssel eines anderen Gegenstandes ist.

Bsp.:	OBJEKT	ATTRIBUTE	
	Mitarbeiter Nr. 48623	Alter 43 J., Einstelldatum 1.1.68	
		Abteilung 5813	← Fremdschlüssel

Gliederung einer Anwendung 80ff

→Anwendungsgliederung

Kombinationsschlüssel 24, 48ff

Ein Kombinationsschlüssel ist ein →Schlüssel, der aus mehreren →Datenelementen zusammengesetzt ist.

Bsp.: Identifikation eines Fernsprechanschlusses:

	Länderkennzahl	+	Ortsnetz-Nr.	+	Fernsprechnr.	
z.B.	0049	+	030	+	211 45 67	
	1.	+	2.	+	3.	Datenelement

Kuchendiagramm 81

Ein Kuchendiagramm ist die zeichnerische Darstellung der vollständigen Zerlegung oder Gliederung einer Menge in einzelne identifizierbare Teile. Eine differenziertere Darstellung ist in Form einer →Baumstruktur möglich.

Löschen eines Datensatzes 71

Das Löschen eines →Datensatzes in einer →Datei erfolgt durch das Entfernen des vollständigen durch seinen →Schlüssel identifizierten Satzes aus der Datei.
* EDV-Fachausdruck (engl.): delete

Mehrfach-Elemente 38, 46, 52
Mehrfach-Felder

Mehrfach-Elemente sind →Datenelemente, die pro Gegenstand (→Objekt) mehr als ein Mal vorkommen können.
Bsp.: Das Datenelement „Nachname" kommt pro Objekt des Typs „Mitarbeiter" nur einmal vor, das Datenelement „Vorname" ist dagegen ein Mehrfach-Element.

Menü 114

Ein Menü ist eine besondere Form der →Dialogverarbeitung, bei der dem Benutzer am Bildschirm verschiedene weitere Aktionen des Programms zur Auswahl angeboten werden und er die Möglichkeit hat, z.B. über die Tastatur eine der angebotenen Aktionen auszuwählen.

Numerisch 106, 130

Numerisch nennt man →Datenelemente bzw. →Variablen, deren Inhalt nur aus Zahlen (d. h. Ziffern, Dezimalpunkt, Vorzeichen) besteht, mit denen also arithmetische Operationen möglich sind.
Vergl.: →Alphanumerisch

Objekt 25ff

Ein Objekt ist ein Gegenstand (im weitesten Sinne), über den →Daten (→Attribute des Objektes) gesammelt und verarbeitet werden. Jedes einzelne Objekt muß daher zur Unterscheidung von anderen gleichartigen Objekten einen eindeutigen, individuellen →Schlüssel haben.
Bsp.: Der Mitarbeiter mit der Personalnummer 674432
Der Mitarbeiter mit der Personalnummer 986314
usw.
* EDV-Fachausdruck (auch): Informationsobjekt, Entität (engl.: entity)

Objekttyp 26ff, 135

Ein Objekttyp ist die Sammelbezeichnung für gleichartige einzelne Gegenstände (→Objekte = Exemplare des Objekttyps), die gleiche Grundeigenschaften (→Attribute) besitzen.
Bsp.: Mitarbeiter, Abteilung, Grundstück, Flugreise, Fahrzeug, Auftrag, Fernsprechanschluß, usw.
* EDV-Fachausdruck (auch): Entitätstyp (engl.: entity type)

Planungssprache 101

Eine Planungssprache ist eine verbale Dokumentationsform der →Programmlogik, in der die verschiedenen →Programmbausteine durch normierte „Schlüsselwörter" dargestellt werden. Ergänzt werden die „Schlüsselwörter" durch gewisse Regeln zum Einrücken, um ineinander verschachtelte Bausteine leichter zu erkennen.

Bsp.: WENN Bedingung
DANN
Aktion 1
SONST
Aktion 2
ENDE

* EDV-Fachausdruck (auch): Pseudocode

Programm 88

Ein Programm ist eine Beschreibung der geplanten Folge von Verarbeitungsschritten im Computer. Programme werden aus wenigen einfachen →Programmbausteinen zusammengesetzt. Eine zunächst noch allgemein formulierte und dokumentierte →Programmlogik wird mit Hilfe einer →Programmiersprache in ein Programm (im engeren Sinne) umgesetzt, das vom Computer interpretiert und ausgeführt werden kann.

Programmbaustein 90ff, 107

Ein Programmbaustein ist ein Konstruktionsteil eines →Programms, das verschiedene interne Funktionsweisen hat. Im Minimum besteht ein Programm aus 3 verschiedenen Programmbausteinen:

- der Aneinanderreihung zweier Bausteine (→Sequenz)
- der Auswahl aus zwei Bausteinen (→Alternative)
- der Wiederholung eines Bausteins (→Wiederholung = Schleife)

Da die Schachtelung (→Sequenz) zweier Programmbausteine wieder als Programmbaustein betrachtet wird, lassen sich beliebig komplexe Programme aufbauen.

* EDV-Fachausdruck (auch): (Baustein der) Strukturierten Programmierung

Programmiersprache 104

Eine Programmiersprache ist eine Menge von Befehlswörtern, deren Schreibweise und Bedeutung genau festliegt. Sie dient zur Darstellung der Anweisungen (→Programmbausteinen) eines →Programms in für den Computer interpretierbarer Form. „Befehlswörter" ist im weitesten Sinne zu verstehen und beinhaltet u.a. die arithmetischen Operationen wie +, –, *, ÷. Eine Programmiersprache erlaubt die freie Wahl von Namen für die im Programm verwendeten →Datenelemente (dort →„Variablen" genannt).

Programmlogik 140

Die Programmlogik ist der „Konstruktionsplan" eines →Programms, d.h. dessen Auflösung in einzelne →Programmbausteine. In der Regel ist die Programmlogik von der zu verwendenden →Programmiersprache noch weitgehend unabhängig; in anderen Worten: eine Programmlogik kann in mehrere verschiedene Programmiersprachen abgebildet werden. Die Programmlogik wird in geeigneter Form dokumentiert, z.B. zeichnerisch (Zeichensymbole für die Bausteine) oder verbal (→Planungssprache).

* EDV-Fachausdruck (auch): Programmablaufplan (DIN-genormte zeichnerische Form) Pseudocode (verbale Form)

Regeln zum Dateiaufbau 52ff, 137

Regeln zum Dateiaufbau (d.h. zum Aufbau von →Tabellen) sind Einschränkungen der technischen Möglichkeiten, Datenelemente zu „Feldern" bzw. Tabellenspalten zusammenzustellen. Diese Einschränkungen bezwecken u.a., daß „saubere" Dateien aufgebaut werden, bei denen beim →Einfügen, →Löschen oder →Ändern von Sätzen (Zeilen) keine Unverträglichkeitsfehler entstehen können. Diese Regeln sagen grob (genauere Formulierung in Kap. 1.4):

1. keine Mehrfachfelder pro Zeile!
2. keine →Beziehungen zwischen Teilen des →Schlüssels!
3. keine →Beziehungen zwischen Feldern untereinander!

* EDV-Fachausdruck (nur): (1., 2. und 3.) Normalform

Schleife 92

→Wiederholung
Vergl.: →BIS-Schleife, →SOLANGE-Schleife

Schlüssel 23ff

Ein Schlüssel ist ein einziges →Datenelement oder eine Kombination aus mehreren Datenelementen (→Kombinationsschlüssel), um jeden einzelnen Gegenstand, von dem Daten gesammelt und verarbeitet werden sollen (→Objekt), eindeutig und unverwechselbar zu identifizieren. Zu lange Schlüssel (z.B. die Kombination aus vielen Datenelementen) sind unhandlich; außerdem besteht immer die Gefahr, daß sie nicht eindeutig sind. Daher wird oft ein (meist →numerischer) „künstlicher" Schlüssel vergeben.

Bsp.: Zur Identifikation eines jeden Mitarbeiters in einem Unternehmen dient der Kombinationsschlüssel:
Name, Vorname, Geburtstag, Abteilungsnummer (4 Datenelemente!) oder (kürzer = besser): Personalnummer

* EDV-Fachausdruck (auch): Ordnungsbegriff, engl.: key

Sequentielle Organisation 44

Als Sequentielle Organisation bezeichnet man die Speicherungsform von →Datensätzen, bei der jeder einzelne Satz nur durch Durchsuchen aller vor ihm gespeicherten gefunden werden kann (Technisch meist auf Cassetten bzw. Magnetbändern realisiert).
Vergl.: →Direkte Organisation

Sequenz 90ff

Eine Sequenz ist ein →Programmbaustein, der durch die Kopplung von (mindestens) 2 Bausteinen entsteht. Im Ablauf bedeutet das die zeitliche Aneinanderreihung der Bausteine.
Vergl.: →Alternative und →Wiederholung

* EDV-Fachausdruck (auch): engl.: sequence

SOLANGE-Schleife 94ff

Eine SOLANGE-Schleife ist eine →Schleife, in der Programmschritte solange wiederholt werden, wie eine bestimmte →Bedingung erfüllt ist. Die Bedingung gilt also für das Abarbeiten bzw. **Wiederholen** der Programmschritte. Sie wird **vor** den Programmschritten geprüft, so daß diese evtl. **gar nicht** durchlaufen werden.

* EDV-Fachausdruck (nur): DO WHILE

SONST-Zweig 92

Der SONST-Zweig ist der →Programmbaustein in einer →Alternative, der abgearbeitet wird, wenn die →Bedingung der Auswahl **nicht** erfüllt ist.

* EDV-Fachausdruck (nur): ELSE-Zweig

Stapelverarbeitung 113

Stapelverarbeitung ist die Verarbeitung mehrerer gleichartiger Fälle in einem Schub im Gegensatz zur Einzelverarbeitung. Stapelverarbeitung beinhaltet oft die Verarbeitung aller Fälle einer Datei.

Bsp.: Die monatliche Verdienstabrechnung aller Mitarbeiter im Gegensatz zur Einbuchung eines einzelnen Fluggastes.

* EDV-Fachausdruck (auch): engl.: batch-Verarbeitung

Tabelle 44

Eine Tabelle ist eine Übersicht über →Daten von Gegenständen in der Form von Zeilen und Spalten. Dabei sind die Spalten →Datenelemente und die Zeilen der →Datensatz, der den Gegenstand beschreibt. Jede Zeile muß durch einen →Schlüssel eindeutig identifiziert sein in der Art, daß nicht 2 völlig identische Zeilen existieren können.

* EDV-Fachausdruck (auch): Relation

Textverarbeitung 75ff

Textverarbeitung ist die Bearbeitung kompletter Texte, z.B. Briefe oder Manuskripte. Entsprechende Programme („Textverarbeitungsprogramme") erlauben das Einfügen, Löschen, Kopieren, Verschieben von Textteilen nach Angaben des Benutzers, die drucktechnische Aufbereitung des Satzspiegels, die Erfassung von Überschriften und Schlagwörtern für das Register u.v.a.m.

* EDV-Fachausdruck (auch): Texteditor (für das Textverarbeitungsprogramm)

Unterprogramm 96, 130

Ein Unterprogramm ist ein →Programm, das von einem anderen Programm aus aktiviert („aufgerufen") wird. Nach der Beendigung des Unterprogramms nimmt das „rufende" Programm die Verarbeitung nach dem Punkt des Aufrufes wieder auf.

Schematisch:

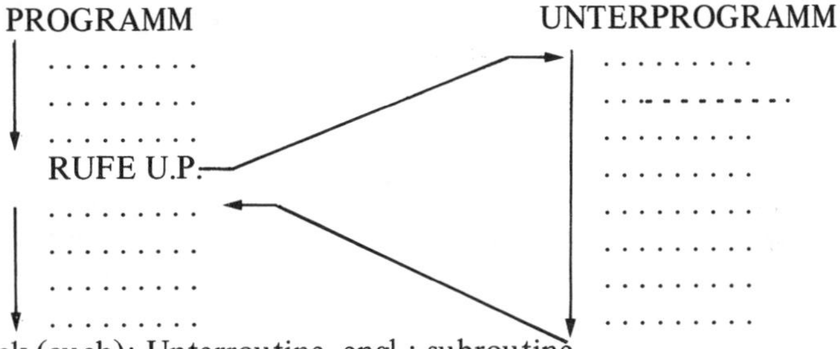

* EDV-Fachausdruck (auch): Unterroutine, engl.: subroutine

Variable 105ff

Eine Variable ist die Abbildung eines einzelnen →Datenelementes in →Programmen oder einer Sammlung von mehreren Datenelementen gleicher Bezeichnung, die durch eine Platznummer voneinander unterschieden werden. Man unterscheidet →numerische und →alphanumerische Variablen (in vielen →Programmiersprachen gibt es noch weitere Typen von Variablen).

Bsp.: Die Variable GEHALT kann als 1 Feld im Programm definiert sein oder auch als Kolonne von 12 Feldern (für die Monatsgehälter eines Jahres).

* EDV-Fachausdruck (auch): Feld, engl. variable

Verschlüsselung 45

Als Verschlüsselung bezeichnet man das Ersetzen einer begrenzten Anzahl von möglichen Inhalten von Datenelementen durch Abkürzungen („ Schlüssel“).

Bsp.: Das Datenelement „Geschlecht“ hat 2 mögliche Inhalte („männlich“ und „weiblich“). Man kann sie als „M“ und „W“ oder „0“ und „1“ o.ä. verschlüsseln.

Verzweigungsbefehl 108

Ein Verzweigungsbefehl ist ein Befehlswort von →Programmiersprachen und bewirkt die Fortsetzung des Programmablaufes an dem Punkt (an der Programmzeile), der im Verzweigungsbefehl angegeben wurde. Ein Verzweigungsbefehl kann zur Realisierung von →Programmbausteinen verwendet werden.

Bsp.: GOTO 1001 (Zeilennummer im Programm)
GOTO ENDE (durch die „Marke“ ENDE markierte Zeile im Programm)

* EDV-Fachausdruck (auch): Sprungbefehl, engl.: GOTO

Wiederholung 92ff

Eine Wiederholung ist ein →Programmbaustein, der durch die mehrfache Abarbeitung von Bausteinen aufgrund einer →Bedingung entsteht.
Synonym: →Schleife
Man unterscheidet →BIS-Schleifen und →SOLANGE-Schleifen.

Vergl.: →Sequenz und →Alternative

* EDV-Fachausdruck (auch): DO, DO-Schleife; engl.: loop

Realisierungsbeispiel auf dem IBM PC

> Beispiele der Datenbestände und Auswertungsprogramme werden auf dem IBM PC mit dem Datenbank-Verwaltungsprogramm „dBase II" realisiert.

Wir wollen Ihnen nun einmal ganz konkret vorführen, wie die Pflege, Abfrage und Auswertung von Datenbeständen auf einem gängigen ***„Personal Computer"*** aussieht. Dieser Begriff bedeutet nicht etwa „ein Rechner zur Verwaltung des Personals eines Unternehmens". Er ist vielmehr eine etwas unglückliche Übersetzung aus dem Englischen und bedeutet „persönlicher Computer", ein kleiner Computer für den (meist alleinigen) Einzelgebrauch – ob privat oder im geschäftlichen Bereich. Auch die Bezeichnung „Mikrocomputer" ist dafür geläufig. Die Firma IBM hat diesen Begriff sogar als Namen für eines ihrer Geräte übernommen: der „IBM Personal Computer".

Als Datenbank-Software wollen wir ein ebenfalls weit verbreitetes System, nämlich „dBase II"[1]) verwenden. Die Auswahl beider Systeme, Hardware und Software, ist mehr oder minder zufällig – sie sind weit verbreitet und „repräsentativ". Das bedeutet, daß es viele andere Mikrocomputer und Datenbank-Systeme gibt, auf denen man das Gesagte ähnlich gut realisieren kann.

Die folgenden Darstellungen haben nur „Vorführ-Charakter". D.h., wir können und wollen kein Lehrbuch über den IBM PC oder dBase II verfassen, sondern Ihnen nur demonstrieren, wie einfach und direkt die Theorie dieses Buches in die Praxis umgesetzt werden kann. Wir zeigen Ihnen dabei ausgewählte Beispiele aus der Pflege, Abfrage und Auswertung der Ihnen bekannten „Gebrauchtwagenbörse".

Die beiden verwendeten Systeme, nämlich den Computer und die Datenbank-Software, wollen wir Ihnen zuvor kurz vorstellen.

1. Der IBM Personal Computer

Der IBM PC ist fast zum „Standard-PC" geworden, da er sehr weit verbreitet ist. Durch seine Variationsfähigkeit aufgrund verschiedener Ein- und Anbauten kann er für vielfältige Aufgaben eingesetzt werden. Damit kann man ihn in

---

[1]) Eingetragenes Warenzeichen der Firma Ashton Tate, Inc.

seiner Größe (und damit natürlich auch im Preis) auf den jeweiligen Bedarf maßschneidern: einfarbiger oder bunter Bildschirm, große oder kleine Speicherkapazität, schneller oder langsamer Drucker, usw.

So sieht er aus:

Sie sehen (von oben nach unten in der Abbildung)

– den ***Bildschirm:*** ca. 28 x 38 cm, mit 25 Zeilen zu je 80 Zeichen in der Breite. Er hat einen Einstellregler für Helligkeit und Kontrast. Die Zeichen werden hellgrün auf dunklem Hintergrund flimmerfrei dargestellt. Ein blinkender Positionsanzeiger zeigt an, wo ein eingetipptes Zeichen auf dem Schirm erscheint. Dieser Zeiger (engl.: Cursor) kann mit speziellen Tasten (s.u., Tastatur) frei bewegt werden, d.h. man kann in der Regel überall auf dem Bildschirm etwas eintippen, löschen oder verändern.

– den ***Computer*** selbst, d.h. *Rechenwerk, Speicherwerk* und *Steuerwerk* (vgl. S. 145, „Hardware und Software"). Da in modernen Mikrocomputern alles so winzig ist, erblicken Sie von alledem nur die *externen Speicher,* nämlich die beiden Diskettenlaufwerke: links das Laufwerk A, rechts das Laufwerk B. Der interne Speicher hat eine ausbaubare Größe ab 64 kByte (also über 64000 Zeichen), die Laufwerke (je nach Ausbau) je 160 bzw. 320 kByte (ca. 100 DIN-A4-Seiten je Diskette).

– die ***Tastatur:*** eine normale Schreibmaschinentastatur mit zusätzlichen Tasten, z.B. zur Bewegung des Positionsanzeigers (nach oben, unten, rechts, links) oder zum Auslösen bestimmter Rechnerfunktionen. Bemerkenswert ist, daß es neben der schreibmaschinenüblichen Umschaltung von Klein- auf Großbuchstaben bzw. von Ziffern auf Sonderzeichen noch eine weitere Umschalttaste gibt, die sogenannte CONTROL-Taste (abgekürzt: CTRL). Damit wird auf jede Taste eine dritte Bedeutung gelegt, meist irgendwelche Kommandos an die Software. Als Beispiel:
  – nur P-Taste: zeigt „***p***" am Bildschirm
  – Umschalt- und P-Taste: zeigt „***P***" am Bildschirm
  – CTRL- und P-Taste: schaltet Drucker ein.

  Apropos...

– der ***Drucker:*** er ist hier nicht abgebildet. Er sieht aus wie eine Schreibmaschine ohne Tastatur, also nur mit einer Druckwalze. Standardgerät ist der

„Matrix-Drucker“, der jedes Zeichen aus einzelnen Pünktchen in einer „Matrix“ (einem Raster) aus 9 x 9 Punkten zusammensetzt (nehmen Sie sich eine Lupe und sehen Sie sich die nachfolgenden Beispiele an). Er schafft bis zu 80 Zeichen pro Sekunde[1]). Andere Drucker verwenden ein Typenrad – das ergibt eine bessere Schriftqualität, macht sie aber i.d.R. langsamer.

2. Das Datenbank-System „dBase II“

„dBase II“ ist ***Software***, ein Programm zur Pflege, Abfrage und Auswertung von „relationalen“ Dateien. ***„Relational“*** heißen Dateien, die wie eine ***Tabelle*** (s. Begriffskatalog) aus Zeilen (Sätze) und Spalten (Felder) gebildet sind und die den 3 Regeln zum Dateiaufbau (s. S. 52ff und Begriffskatalog) gehorchen sollten. „Sollten“ heißt hier, daß dBase II natürlich auch „unsaubere“ Dateien verwalten kann, die den Regeln nicht gehorchen. Das Datenbank-System dBase II kann als eines der Standard-Produkte für relationale Datenbanken auf dem PC bezeichnet werden.

Obwohl dieses Produkt zu den ersten gehörte, die auf den Markt kamen, hat es sich trotz vorhandener Grenzen und Schönheitsfehler durch seine enorme Leistungsfähigkeit bestens bewährt und entsprechend eine weite Verbreitung gefunden.

Es gibt auch eine deutsche Version von dBase II mit deutschem Handbuch und deutschen Texten, wobei die Kommandos allerdings nicht übersetzt worden sind.

Das System dBase II beinhaltet zweierlei:

- ein ***Datenbank-Verwaltungssystem*** zum Aufbau und zur Abfrage von Dateien,
- eine sehr mächtige ***Programmiersprache***, in der die Ihnen bekannten Programmbausteine (s. S. 90ff und Begriffskatalog) realisiert sind.

dBase II wird durch die vom Benutzer eingetippten (englischen) Kommandos gesteuert, die sofort ausgeführt werden. Man tippt also z.B. ein:

USE autos

Dabei ist USE ein dBase-Befehl („benutze“), „autos“ der vom Benutzer vergebene Name für die Gebrauchtwagen-Datei. Dann „weiß“ dBase, daß ab sofort diese Datei benutzt werden soll. Tippt man danach LIST (wieder ein dBase-Befehl), dann erscheint der Dateiinhalt als Liste auf dem Bildschirm. Ein weiterer Befehl ist SORT, mit dem Sie Ihre Datei nach von Ihnen gewünschten Feldern sortieren können.

---

[1]) „bis zu“ heißt, daß die Geschwindigkeit variiert, denn bei Leerstellen im Text wird kein Zeichen gedruckt, was den Prozeß beschleunigt.

Will der Benutzer nicht einen Befehl nach dem anderen geben und auf ihre sofortige Ausführung warten, dann kann er erst *alle* Befehle, die er zur Erledigung seiner Aufgabe benötigt (z.B. USE, SORT und LIST), als ***Programm*** definieren und dann zu jedem beliebigen Zeitpunkt ausführen.

Beispiele dafür werden Sie weiter unten reichlich finden. Zuvor aber ein Wort der Mahnung:

3. Verantwortung des Benutzers

Der „Personal Computer" ist *Ihr* eigener Rechner, und deswegen sind *Sie selbst* für Daten und Programme verantwortlich. Das klingt trivial, hat aber bei näherem Hinsehen weitreichende Konsequenzen. Zwei davon wollen wir Ihnen besonders nahebringen.

Erstens: Sie sind verantwortlich für die *Korrektheit* der Daten und Programme. Der Computer ist eine Datenverarbeitungs*maschine,* so wie eine Drehbank eine Metallverarbeitungsmaschine ist. Falsch eingestellt, falsch programmiert frißt er sich durch eine Datei wie die Drehbank durchs Metall. Keiner hindert Sie, ein Programm zu schreiben, das in Ihrer Auto-Datei alle Preise auf null setzt – alle mühselig erfaßten und eingetippten Daten sind vernichtet. A und O der Programmierung ist also das ***Testen***: jedes Programm, jede Folge von Befehlen wird mit einer kleinen *Testdatei* ausprobiert. Sie muß wie die echte Datei aufgebaut sein und ähnliche Daten enthalten, aber es darf nicht die echte Datei *selbst* sein – falls etwas kaputtgeht. Die Testdatei soll alle denkbaren möglichen Kombinationen von Werten enthalten, die in Ihren Programmen zu Entscheidungen (WENN..DANN) oder Wiederholungen (WIEDERHOLE..BIS) führen. Wenn Sie also im Programm den Baustein

```
WENN   Bedingung
DANN   Aktion 1
SONST  Aktion 2
ENDE
```

haben, sollten Sie das Programm mit 2 Fällen testen:

- mit einer *erfüllten* Bedingung (z.B. Festpreis = ‚ja'), damit der DANN-Zweig durchlaufen und die „Aktion 1" ausgeführt wird,
- mit einer *nicht erfüllten* Bedingung (z.B. Festpreis *nicht* gleich ‚ja'), damit der SONST-Zweig durchlaufen und die „Aktion 2" getestet wird.

Vorsichtige Leute (und das sind oft die „gebrannten Kinder") bauen auch in die laufenden Programme Tests ein (sogenannte „Plausibilitätsprüfungen"), die die Gültigkeit von Werten ständig prüfen. So kann (soll!) man z.B. im Programm prüfen, ob das Feld „Festpreis“ *wirklich* nur die 2 erlaubten Werte „X“ (für ‚ja‘) oder „–“ (für ‚nein‘) enthält – schließlich vertippt sich bei der Eingabe jeder einmal. Doch die Datei enthält dann im Fehlerfall eine nicht definierte Aussage.

Zweitens: Sie sind verantwortlich für die *Existenz* der Daten und Programme. Wenn Sie partout Ihre mühsam gesammelte (elektronische) Kartei aus dem Fenster werfen wollen, bitte schön! So etwas tut natürlich kein vernünftiger Mensch. Aber aus *Versehen* kann es leider passieren:

– *ungenügend getestete* Programme (s.o.) oder falsch eingegebene Befehle verfälschen oder vernichten die Daten. Sie können z.B. mit *einem* dBase-Befehl alle über 100 000 km alten Autos um 10% verbilligen – das ist Ihre Sonderangebots-Taktik. Sie können auch alle Autos *unter* 100 000 km zu *nur* 10% des Preises anbieten – das ist Ihr bedauerlicher Fehler. Der Computer kann nicht „wissen“, was Sie wollen.

– *physische Beschädigung* des Datenträgers, z.B. der Diskette, macht die Daten unlesbar. Besonders Disketten sind sehr empfindlich und sehr viel leichter zu beschädigen als z.B. Schallplatten, weil die Informationen darauf sehr dicht gepackt sind. Fett, Hitze, Staub, Druck, Magnete usw. können verheerende Wirkungen haben. Denn anders als bei einer Schallplatte, wo eine Beschädigung nur als „knacks!“ das empfindliche Ohr des Genießers stört, kann eine beschädigte Datei in der Regel *gar nicht mehr* (auch nicht teilweise) gelesen werden.

A und O der Dateiverwaltung ist also die ***Datensicherung:*** jede Datei muß vom Benutzer kopiert werden. Diese *„Sicherungskopie“* sollte gut aufbewahrt werden. Ändert sich etwas in der Original-Datei (z.B. Sätze werden hinzugefügt, gelöscht oder geändert), so muß in der Regel auch die Sicherungskopie verändert werden. Es wird also eine neue Sicherungskopie angefertigt, die den Platz der alten einnimmt. Da Sie nicht nach *jeder* kleinen Veränderung die Datei vollständig kopieren können (das wäre *zu* aufwendig), sollten Sie zumindest wissen (z.B. in Form von aufbewahrten Belegen), *welche* Datenänderungen in Ihrer Original-Datei, aber noch nicht in der Sicherungskopie vorgenommen wurden. Seien Sie sehr gewissenhaft und sorgfältig, unterschätzen Sie nicht die Risiken des Datenverlustes. Eine Tasse Kaffee ist leicht verschüttet, das schattige Lagerplätzchen Ihrer Diskette auf der Fensterbank verwandelt sich nach Ihrem Mittagspäuschen in eine Kochplatte. Ersparen Sie sich das kribbelnde Gefühl in der Magengegend, wenn der Computer „DISK ERROR“ meldet und Ihre 6000-Sätze-Datei plötzlich nicht mehr lesen kann. Eine Sicherungskopie nach wesentlichen Dateiänderungen oder routinemäßig je-

den Abend ist schnell und einfach hergestellt – der Computer macht es für Sie, während Sie ein Kaffeechen trinken (*fern* Ihrer Diskette, bitte!).

4. Aufbau und Pflege der „Gebrauchtwagenbörse"

Im Prinzip ist jede „relationale" Datei eine Tabelle, wie Sie schon wissen. Welche Informationen müssen Sie dem Datenbank-System mitteilen, um solche Dateien zu definieren?

a) Den ***Namen*** der Datei, der sie kennzeichnet und von anderen Dateien unterscheidet.

b) Den ***Aufbau*** der Datei, nämlich
   - die *Namen* der Felder der Datei (der Tabellenspalten);
   - den *Typ* der Felder, z.B. numerisch für Rechenfelder, alphanumerisch für Felder mit Text;
   - die *Breite* der Spalten (d.h. die Länge der Felder), die angibt, wieviele Zeichen darin gespeichert werden können;
   - die *Dezimalstellen* nach dem Komma (natürlich nur bei numerischen Feldern). Hier muß man später bei der Eingabe von Werten aufpassen: alle (aus englischsprachigen Ländern stammenden) Systeme verwenden den Dezimal*punkt.*

c) Die möglichen ***Inhalte*** der Felder. Sie müssen sich überlegen, ob Sie Groß- und Kleinschreibung unterscheiden wollen oder welche Abkürzungen für häufig vorkommende Begriffe gewählt werden sollen (z.B. „L" für „ledig"). Auch die Darstellungs*formen* von Feldern müssen festgelegt werden – wollen Sie z.B. ein Datum in der Form TT.MM.JJ oder JJ.MM.TT oder MM/TT/JJ speichern?

Nachdem Sie nun diese planerischen Vorarbeiten erledigt haben (und da kann man gar nicht lange genug darüber nachdenken), müssen Sie diese Informationen in den Computer eingeben. Wie sieht das aus? Wir zeigen Ihnen die wichtigsten Schritte im Original-Protokoll und erklären sie, soweit notwendig. Da die Meldungen vom Computer und die Eingaben des Benutzers auf dem Protokoll vermischt sind, haben wir die Computer-Ausgaben unterstrichen bzw. (bei mehreren Zeilen) mit einem senkrechten Strich links markiert. Der *nicht* gekennzeichnete Text ist also vom Benutzer eingetippt.

Wir legen die Diskette mit dem Betriebssystem und dem Datenbank-System in das Laufwerk ein, schalten den IBM PC ein und geben (nach Aufforderung) das heutige Datum und die Uhrzeit ein, damit dBase den jeweils letzten Änderungsstand der Dateien protokollieren kann. Diese Eingabe ist hier nicht gezeigt. Als nächstes erhalten wir folgendes Protokoll:

```
A>REM The IBM Personal Computer DOS

A>REM Version 2.0 (C) Copyright IBM Corp 1981,1982,1983

A>dbase

Copyright (C) 1982 RSP Inc.

*** dBASE II/86   Ver 2.4        1 July 1983
.
```

Es meldet sich das Betriebssystem „DOS“ und wartet auf ein Kommando. Dies wird durch ein simples „A>“ angezeigt (das heißt: Betriebssystem-Diskette im Laufwerk „A“ und „Benutzer, gib was ein!“). Der Benutzer tippt das Wort und damit den Befehl zum Laden von „dBase“. Das System meldet sich mit seiner Versionsnummer. Beachten Sie den dezenten kleinen Punkt als letzte Ausgabe! Das ist das Signal von dBase: „Zu Ihren Diensten, was soll ich tun?“

Beachten Sie auf den folgenden Protokollbeispielen:

- alle *Meldungen* von dBase kommen in englisch (in der deutschen Version kämen sie in deutsch),
- alle dBase-*Kommandos* (nur in englisch, auch in der deutschen Version) haben wir *nur zur Unterscheidung* von anderen Angaben in *Großbuchstaben* eingetippt. dBase hätte ebenso Kleinbuchstaben akzeptiert.

Genug der Vorrede, fangen wir an! Wir teilen dBase genau *die* Dinge mit, die wir oben erwähnt haben:

- den *Namen* der Datei,
- den *Aufbau* der Datei: Feldnamen (NAME), Feldtyp (TYPE), Breite (WIDTH) und Dezimalstellen (DECIMAL PLACES). dBase fragt uns danach, wie Sie gleich sehen werden.

Das Kommando zum Aufbau einer Datei und der Vergabe eines Namens heißt „CREATE“, gefolgt vom gewünschten Dateinamen. Beginnen wir mit der Verkäufer-Datei, die wir „verk“ nennen wollen:

```
. CREATE verk
ENTER RECORD STRUCTURE AS FOLLOWS:
 FIELD     NAME,TYPE,WIDTH,DECIMAL PLACES
 001       verk:tel,n,6
 002       fest,c,1
 003       name,c,20
 004       strasse,c,25
 005
```

Sie sehen, nach Ihrem Befehl „CREATE verk“ (Groß-/Kleinschreibung nur zur Unterscheidung der Befehle von den sonstigen Angaben) fordert dBase Sie auf, die Informationen über den Satzaufbau (RECORD STRUCTURE) einzugeben. Die laufende Feldnummer (d.h. Nummer der Tabellenspalte von links nach rechts) gibt es Ihnen vor. Der *Name* eines Feldes darf übrigens ein „:“ enthalten, wie beim Feld 001. Dafür sind jedoch die deutschen Sonderzeichen (Umlaute, ß) verboten. Das Feld 001, die „Verkäufer-Telefonnummer“, wurde übrigens *6*-stellig ***numerisch*** definiert, obwohl wir damit nicht *rechnen* wollen. Das ist nur ein kleiner Faulheits-Trick, damit wir später bei Abfragen keine „Hochkommas“ zu tippen brauchen (wie sie bei alphanumerischen Feldern notwendig gewesen wären).

Jede Eingabe schließt mit der „return-Taste“ ab, wie der Wagenrücklauf bei einer Schreibmaschine. Wenn keine Dezimalstellen benötigt werden – wie bei Feld 001 –, wird auch nichts eingegeben. Nach der Eingabe von Feld 001 fragt dBase nach Feld 002, und wir spezifizieren das Feld „Festpreis“ mit dem Namen „fest“, dem Typ „***c***haracter“ (also alphanumerisch) und der Länge „1“. So geht das weiter, bis wir durch gar keine Eingabewerte (nur return-Taste) das *Ende* der Dateidefinition signalisieren. dBase fragt dann sofort, ob wir gleich jetzt Daten eingeben wollen:

```
INPUT DATA NOW? Y
```

Nach der Antwort „Y“ (Yes!) präsentiert dBase uns eine ***Bildschirmmaske*** für den 1. Satz der Datei, die wir in schon ausgefüllter Form zeigen:

```
RECORD # 00001
VERK:TEL   :117284:
FEST       :-:
NAME       :Auto-Maier          :
STRASSE    :Sonnenallee 22          :
```

Das jeweils letzte „:“ in jeder Zeile stammt von dBase und zeigt uns, wie breit das Feld ist – das ist die Grenze für die einzugebenden Daten. Nachdem das letzte Feld gefüllt ist, erfragt dBase automatisch den 2. Satz von uns, dann den 3. usw. Dabei kann in jeder Maske der Positionsanzeiger frei bewegt werden – wenn wir also im Feld „STRASSE“ etwas eintippen und einen Tippfehler im Feld „NAME“ bemerken, können wir den Positionsanzeiger dorthin zurückbewegen. Ebenso können wir *in* einem Feld nicht nur zurücksetzen und etwas übertippen (wie bei der Schreibmaschine mit Korrekturband), sondern auch *zwischen* schon getippte Zeichen weitere Zeichen setzen, ohne die alten zu löschen. Aus „So***ne***nallee“ wird dann leicht und elegant „So***nne***nallee“!

Wird beim Xten Satz *nur* die return-Taste betätigt, ist die Eingabe beendet und dBase erwartet den nächsten Befehl – erkennbar am „.“. Der ist z.B. „LIST“, um eine Liste aller Sätze der Datei zu erhalten. Zuvor müssen wir dem dBase mitteilen, *welche* Datei es benutzen (engl.: use) soll, es muß ja nicht unbedingt die gerade eingegebene sein:

```
. USE verk
. LIST
00001    117284 - Auto-Maier          Sonnenallee 22
00002    334124 X Merkle              Hauptstr. 12
00003    411734 X Adamson GmbH        Am Ring 10
00004    851764 - Klaxon KG           Rottenweg 7
```

Vergleichen Sie die Tabelle auf S. 51 – die Datei sieht genauso aus! Links vor die Tabelle hat dBase zusätzlich die laufende Satznummer gestellt. In gleicher Weise legen wir die Auto- und die Extras-Datei an und füllen sie mit Daten. Kurz die wichtigsten Protokollteile:

```
. CREATE autos
ENTER RECORD STRUCTURE AS FOLLOWS:
 FIELD     NAME,TYPE,WIDTH,DECIMAL PLACES
  001      anr,n,3
  002      autotyp,c,20
  003      hubr,n,3,1
  004      ez,c,5
  005      tuv,c,5
  006      km,n,7
  007      preis,n,6
  008      verk:tel,n,6
  009      rb,n,2
  010
```

Das war das Einrichten der Datei „autos". Die Bildschirmmaske zur Erfassung mit den Daten des ersten Satzes sieht so aus:

```
RECORD # 00001
ANR         :  1:
AUTOTYP     :Taunus              :
HUBR        :1.6:
EZ          :10/77:
TUV         : 4/84:
KM          :   91000:
PREIS       :  3000:
VERK:TEL    :117282:
RB          : 5:
```

Das freundliche dBase justiert übrigens numerische Felder (z.B. ANR) automatisch rechtsbündig, auch wenn man die „1" ganz links in das Feld getippt hat. Bei alphanumerischen Feldern (z.B. TUV) müssen Sie selbst für die korrekte Positionierung der Daten sorgen. Die vollständige Datei, etwas erweitert gegenüber S. 51:

```
00001   1 Taunus              1.6 10/77  4/84    91000   3000 117282  5
00002   2 Granada L           2.3 11/78 11/84    80000   5900 334124 10
00003   3 Kadett              1.3  5/77  1/84   120000    800 334124  0
00004   4 Granada L           2.3  7/80  7/84    14000  13500 984421  0
00005   5 Alpine II           2.0  1/82  1/84    10000  18000 117282  3
00006   6 RR Siver Shadow     5.0  7/55 10/85   140000  88500 851764  0
00007   7 Alfa Romeo GTV      2.0  5/65  5/85   105000   3500 117284  5
00008   8 Granada L           1.8 11/78 11/84    95000   7350 411734  5
```

Die Datei „extras“ hat nur 2 Felder mit den Namen „anr“ und „extra“, die (wie nun schon bekannt) mit CREATE aufgebaut werden. Ihr Inhalt (vgl. S. 51) soll angezeigt werden:

```
. USE extrad
FILE DOES NOT EXIST
USE extrad
CORRECT AND RETRY (Y/N)? Y
CHANGE FROM :ad
CHANGE TO   :as
USE extras
MORE CORRECTIONS (Y/N)? N
. LIST
00001      1 Sonnendach
00002      1 Radio
00003      1 Sportfelgen
00004      2 Cassettenradio
00005      2 Sonnendach
00006      4 Sportfelgen
00007      5 Radio
00008      5 Sonnendach
```

Hier sehen Sie noch eine Stärke von dBase: Sie wissen ja, daß der „verständnislose“ Computer in bezug auf Schreibfehler sehr penibel ist. Er kann nicht „wissen“, daß Sie sich bei dem Dateinamen im USE-Befehl nur vertippt haben. Daher meldet er korrekterweise, daß ein Dateiname „extra***d***“ nicht existiert (1. Zeile im Protokoll). Vergleichen Sie die weiteren Protokollzeilen: dBase....

- wiederholt den falschen Befehl,
- fragt, ob er korrigiert und erneut ausprobiert werden soll ... und nach Eingabe von „Yes!“
- fragt es, welche Zeichenfolge des Befehls geändert werden soll (wir tippten: „a***d***“),
- fragt, *in welche* Zeichen sie geändert werden soll (wir tippten: „a*s*“),
- zeigt den geänderten Befehl an,
- fragt sicherheitshalber, ob er jetzt richtig ist,

und führt ihn aus. Nett, nicht?

Ihr LIST-Befehl zeigt dann die (von dBase hinzugefügte) laufende Satznummer, die von Ihnen eingegebenen Autonummern und die dazu gehörenden Extras.

Sie haben Ihre Dateien nun definiert und gefüllt. Was jetzt? Kommen jetzt die Auswertungen?

NEIN! Wozu haben wir oben so lange über ***Datensicherung*** geredet?? Jetzt erfolgt *zuerst* das Kopieren aller 3 Dateien auf eine *andere* Diskette im Laufwerk B. Das geht einfach und schnell mit der Befehlsfolge (gezeigt am Beispiel der Auto-Datei)

```
USE autos
COPY TO B:autos
```

Wir verwenden also denselben Namen und geben nur durch den Vorsatz „B:" an, daß die gesamte „in use" befindliche Datei auf die Diskette im B-Laufwerk kopiert werden soll. Entsprechende Befehle für die Dateien „verk" und „extras" folgen, und dann kommt die B-Diskette *in den Schrank.*

Jetzt geht es aber richtig los! Wir zeigen Ihnen, nach welchen unterschiedlichen Fragestellungen die Dateien ausgewertet werden können. Erste Frage (vgl. S. 49): „Welche Extras hat Auto Nr. 1?" Zur Beantwortung dient eine einfache Erweiterung des LIST-Befehls, nämlich ein angehängtes „FOR" mit der Auswahlbedingung. Sie besteht i.d.R. aus Feldname, Vergleichsoperator und Wert (vgl. im Begriffskatalog: *„Bedingung"*). Der Wert kann eine Konstante sein, ein anderer Feldname oder ein Rechenausdruck. In unserem Fall ist er die (numerische, weil ohne Hochkomma) Konstante 1.

```
. USE extras
. LIST FOR anr=1
00001      1 Sonnendach
00002      1 Radio
00003      1 Sportfelgen
```

Nun folgt die Suche nach der (alphanumerischen) Konstanten „Sonnendach" im Feld „extra", also die Antwort auf die Frage: „Welche Autos haben als Extra ein Sonnendach?":

```
. LIST FOR extra='Sonnendach'
00001      1 Sonnendach
00005      2 Sonnendach
00008      5 Sonnendach
```

Der USE-Befehl braucht nicht noch einmal gegeben zu werden, solange keine andere, neue Datei verwendet werden soll. Das freundliche dBase erlaubt sogar, nur die *Anfangsbuchstaben* der gesuchten alphanumerischen Konstanten anzugeben:

```
. LIST FOR extra='Son'
00001      1 Sonnendach
00005      2 Sonnendach
00008      5 Sonnendach
```

Aber Vorsicht! Damit erwischen Sie natürlich auch ein evtl. irgendwo vorhandenes Extra namens „***Son***derlackierung". Und mit

LIST FOR extra = ‚*s*on'

finden Sie wegen der Kleinschreibung *gar nichts.* Deswegen müssen Sie immer auf korrekte und *gleichartige* Schreibweise für gleiche Inhalte achten. Das ist Ihre, das ist (s.o.) *Benutzerverantwortung*!

Noch eine hübsche Kleinigkeit:

```
. LIST FOR extra='Radio'
00002        1 Radio
00007        5 Radio

. LIST FOR 'adio'$extra
00002        1 Radio
00004        2 Cassettenradio
00007        5 Radio
```

Sehen Sie Ursache und Wirkung? Der Befehl

LIST FOR Feldname = Zeichenkette

sucht die angegebene Zeichenkette *vorne* im durch den Feldnamen angegebenen Feld. Der Befehl

LIST FOR Zeichenkette $Feldname

sucht die Zeichenkette *irgendwo* im Feld. Aber auch hier mußten wir auf Groß-/Kleinschreibung achten, deswegen haben wir das „R" von „Radio" weggelassen.

Denken wir uns willkürlich noch weitere (mehr oder minder sinnvolle) Auswertungen aus: Nachdem Sie „LIST FOR" kennen, verstehen Sie sicher schnell das „COUNT FOR" und „SUM FOR". Inzwischen haben wir mit dem Befehl „USE autos" auf die Autodatei umgeschaltet und tippen:

```
. COUNT FOR km > 100000 TO oldie
COUNT = 00003
```

Der erste Teil ist klar: Zähle alle Autos mit einem km-Stand von über 100 000. Der zweite Teil „TO oldie" bedeutet: speichere das Ergebnis (das darunter ausgedruckt steht) unter dem Namen „oldie" ab.

Ebenso funktioniert das „SUM FOR":

```
. SUM preis FOR km > 100000 TO summe
   92800
```

Hier müssen Sie natürlich sagen, *welches* Feld (hier: Preis) summiert werden soll. Das Ergebnis wird (wie oben) gedruckt und in das von Ihnen angegebene Feld „summe" gespeichert. Wenn Sie sich nun Ihren Taschenrechner sparen wollen, um den Durchschnittspreis aller Autos über 100 000 km zu berechnen (falls Sie diese Zahl interessiert), so benutzen Sie die „Frag' mich was!"-Funktion von dBase:

```
. ? 'Mittlerer Preis der Oldies: ',summe/oldie
Mittlerer Preis der Oldies:          30933
```

Die „?-Funktion“ zeigt alles, was rechts vom „?“ steht, am Bildschirm an – ob Textkonstante und Rechenformel (wie im Beispiel der Text und die Division „summe/oldie“ also 92800/3) oder irgendwelche anderen Ausdrücke.

Zuletzt sehen Sie die Möglichkeit, zu einer vorhandenen Datei in einer bestimmten Sortierordnung (bei Datei „Autos“ die Autonr.) einen weiteren sogenannten ***Sortierindex*** zu legen. Das ist eine kleine Datei mit einem von Ihnen bestimmten Namen, die das von Ihnen genannte Feld sortiert enthält und von dort auf die Originalsätze verweist. Von diesen ***Index***-Dateien können Sie beliebig viele haben, d.h. ein und dieselbe Datei kann nach mehreren unterschiedlichen Feldern sortiert ausgewertet werden. Ein Beispiel:

```
. INDEX ON verk:tel TO autoverk
00008 RECORDS INDEXED
. USE autos INDEX autoverk
. LIST
00001      1 Taunus                     1.6 10/77  4/84    91000    3000 117282  5
00005      5 Alpine II                  2.0  1/82  1/84    10000   18000 117282  3
00007      7 Alfa Romeo GTV             2.0  5/65  5/85   105000    3500 117284  5
00002      2 Granada L                  2.3 11/78 11/84    80000    5900 334124 10
00003      3 Kadett                     1.3  5/77  1/84   120000     800 334124  0
00008      8 Granada L                  1.8 11/78 11/84    95000    7350 411734  5
00006      6 RR Siver Shadow            5.0  7/55 10/85   140000   88500 851764  0
00004      4 Granada L                  2.3  7/80  7/84    14000   13500 984421  0
```

Erster Befehl von Ihnen: Bilde einen Sortierindex mit dem Feld „verk:tel“ und speichere die sortierten Telefonnummern in der Datei „autoverk“. Zweiter Befehl: Benutze die Datei „autos“, aber nicht in ihrer ursprünglichen (noch vorhandenen) Sortierung nach Autonummern, sondern mit dem nach Telefonnummern sortierten Index „autoverk“. Das Ergebnis des LIST-Befehls ist dann die nach *Telefonnummern* sortierte Datei, was Sie an den nun nicht mehr aufsteigend sortierten Satznummern erkennen. Auf einen Blick erkennen Sie die „Mehrfachanbieter“ in ihrer Autodatei.

In gleicher Weise wird man z.B. über die Verkäufer-Datei einen Sortierindex des Feldes „Name“ legen, um mit dem Namen des Verkäufers seine Telefonnummer oder Straße zu finden.

Jetzt brauchen Sie nur noch Phantasie, um sich die vielfältigen Abfragemöglichkeiten mit einem Datenbank-System vorzustellen!

5. Auswerteprogramme für Dateien

Das „zweite Bein“ von dBase II war neben den Datenbank-Verwaltungsbefehlen die „eingebaute Programmiersprache“.

Ein ***Programm*** ist, wie Sie schon wissen, eine Reihe von Befehlen, die unter einem Namen (dem Programmnamen) gespeichert und beliebig oft ausgeführt werden kann. Diese Befehle können zu jedem Zeitpunkt vom Benutzer geändert werden – eine „Programmänderung“.

Zum erstmaligen Einrichten wie zum Ändern eines Programmes dient der Befehl

MODIFY COMMAND Programmname

danach können Sie Ihre Programmzeilen in den Bildschirm eintippen wie auf ein Blatt Papier. Am Ende Ihrer Eingabe sieht er z.B. so aus:

```
* 'TOP 5' Autos nach Preis
* KEIN Pseudocode, da nur SEQUENZ
USE autos
INDEX ON preis TO preisind
USE autos INDEX preisind
? '--- Die billigsten 5 Autos:'
GO TOP
LIST NEXT 5
RETURN
```

Sie lernen dabei einige neue dBase-Befehle. Gehen wir das Programm Zeile für Zeile durch:

– Ein Kommentar („*“ als „Befehl“): Sinn und Zweck des Programms.
– Hier folgt in der Regel die ***Programmlogik*** in der Ihnen bekannten Planungssprache („Pseudocode“ genannt) – hier wegen der Einfachheit des Programmes weggelassen.
– Benutze die Datei „autos“.
– Schaffe einen Index (eine Sortierfolge) mit dem Feld „preis“ und speichere ihn unter dem Namen „preisind“.
– Benutze nun die Datei „autos“ mit dem Index „preisind“, d.h. in der nach dem Preis sortierten Form.
– Zeige am Bildschirm („?“ als Befehl) den in Hochkommas stehenden Text.
– Gehe an den Anfang der (sortierten) Datei[1]).
– Schreibe eine Liste der nächsten 5 Dateisätze.
– Beende das Programm und kehre zurück zum dBase-Befehlsmodus.

[1]) dBase hat einen „Satzzeiger“, der auf den zu verarbeitenden Satz zeigt.

Sie sehen in unserer Beschreibung die genaue Übersetzung der englischen Befehle.

Zur *Ausführung* des Programmes verwenden Sie den Befehl

DO Programmname

Wir haben unserem Programm den schlichten Namen „pgm0" gegeben:

```
. DO pgm0
00008 RECORDS INDEXED
--- Die billigsten 5 Autos:
00003      3 Kadett                    1.3  5/77  1/84   120000    800 334124  0
00001      1 Taunus                    1.6 10/77  4/84    91000   3000 117282  5
00007      7 Alfa Romeo GTV            2.0  5/65  5/85   105000   3500 117284  5
00002      2 Granada L                 2.3 11/78 11/84    80000   5900 334124 10
00008      8 Granada L                 1.8 11/78 11/84    95000   7350 411734  5
.
```

Sie sehen

- die Meldung, daß der Index gebildet wurde,
- Ihre eigene, mit „?" programmierte Meldung,
- die Liste der fünf billigsten Autos, sortiert nach Preis,
- die Rückkehr in den Befehlsmodus, erkennbar am „." des dBase.

Bringen wir einen Schuß Eleganz in das Programm: Der Benutzer soll bei der Programmausführung gefragt werden, *wieviel* Autos er sehen möchte. Wir ändern das Programm entsprechend ab. Der Sortierindex muß natürlich nicht immer neu gebildet werden, er besteht auch dann in der richtigen Form weiter fort, wenn wir in der Auto-Datei einen Preis ändern. Wir hätten diese Zeilen entfernen können, haben sie aber in unserem Beispiel einfach in Kommentare verwandelt. Hier ist das Programm:

```
* 'TOP 5' Autos nach Preis
* KEIN Pseudocode, da nur SEQUENZ
*-USE autos                   ) entfällt, da Index automatisch
*-INDEX ON preis TO preisind  ) von dBase gepflegt wird
ERASE
? '--- Liste der billigsten Autos im Bestand ---'
ACCEPT  'Die billigsten vieviel' TO anz
USE autos INDEX preisind
? '--- Die billigsten ',anz,' Autos:'
GO TOP
LIST NEXT &anz
RETURN
```

Neu ist der ACCEPT-Befehl: Er zeigt den dahinterstehenden Text an, wartet auf die Eingabe des Benutzers und speichert sie unter dem Namen ab, der hinter dem TO steht. In unserem Fall ist das die *Variable* „anz", die wir statt der *Konstanten* „5" verwenden wollen. Das sehen Sie im „?"-Befehl und im LIST. Führen wir das Programm aus:

```
--- Liste der billigsten Autos im Bestand ---
Die billigsten vieviel:6
--- Die billigsten  6  Autos:
00003       3 Kadett                    1.3  5/77  1/84   120000     800 334124  0
00001       1 Taunus                    1.6 10/77  4/84    91000    3000 117282  5
00007       7 Alfa Romeo GTV            2.0  5/65  5/85   105000    3500 117284  5
00002       2 Granada L                 2.3 11/78 11/84    80000    5900 334124 10
00008       8 Granada L                 1.8 11/78 11/84    95000    7350 411734  5
00004       4 Granada L                 2.3  7/80  7/84    14000   13500 984421  0
.
```

Was passiert? Sie sehen die 1. Zeile mit der Überschrift, danach die 2. Zeile mit der Frage. Dann bleibt das Programm stehen und wartet auf Ihre Eingabe. In unserem Fall hat der Benutzer „6" getippt – und nun folgt die Liste der 6 billigsten Autos!

Noch eine kleine Modifikation: das Heraussuchen aller Autos unter einem bestimmten Preislimit im Dialog mit dem Benutzer. Sehen wir uns den fertigen Ablauf an, nachdem das Programm mit dem DO-Befehl gestartet wurde:

```
    Bitte obere Preisgrenze (incl.) eingeben: 5900:


          Nr. Autotyp              Hubr.  EZ    TÜV     km   *PREIS*  V-Tel. Rab.

00001       1 Taunus                1.6 10/77  4/84   91000    3000 117282   5
00002       2 Granada L             2.3 11/78 11/84   80000    5900 334124  10
00003       3 Kadett                1.3  5/77  1/84  120000     800 334124   0
00007       7 Alfa Romeo GTV        2.0  5/65  5/85  105000    3500 117284   5
.
```

Das Programm zeigen wir Ihnen diesmal nicht, es ist kaum Neues darin. Das LIST der sortierten Datei wurde lediglich durch den Befehl

LIST FOR preis <= limit

ersetzt, wobei „limit" der Name der im Dialog erfragten Preisgrenze ist.

Nun sehen Sie ein „richtiges" Programm, das nicht „nur" eine Reihe von dBase-Befehlen enthält, die man eventuell auch direkt eingeben könnte. Wir wollen den Autobestand so auswerten, daß für jeden Satz das Alter und die Provision errechnet und in die Datei aufgenommen werden. Dazu müssen wir die Datei um die gewünschten Felder erweitern und außerdem das Erstzulassungsdatum in eine rechenbare (numerische) Form bringen[1]). Damit Sie einen Vergleich haben, machen wir wieder „Festpreis ja/nein" zum Attribut jedes einzelnen *Autos* und nicht, wie auf S. 51 geschehen, zum Attribut des Verkäufers.

[1]) Vgl. dasselbe Problem in BASIC, S. 112ff. Dort werden die errechneten Größen nur gedruckt; hier zeigen wir, daß sie natürlich auch in der Datei verändert werden können.

Die Angaben des Benutzers beim Dateiaufbau (vgl. Abbildung Seite 179 Mitte) werden von dBase gespeichert und können in Form einer Tabelle angezeigt werden:

Feldnummer	Feldname	Typ	Breite	Dezimalstellen
001	ANR	N	3	keine
002	...usw.			

Sehen wir uns diese Tabelle für die neue, geänderte Datei namens „autos1" an:

FLD	NAME	TYPE	WIDTH	DEC
001	ANR	N	003	
002	AUTOTYP	C	020	
003	HUBR	N	003	001
004	MEZ	N	002	
005	JEZ	N	002	
006	TUV	C	005	
007	KM	N	007	
008	F	C	001	
009	PREIS	N	006	
010	VERK:TEL	N	006	
011	RB	N	002	
012	ALTER	N	005	002
013	KM:JAHR	N	006	
014	VERK:PROV	N	008	002
** TOTAL **			00077	

Sie sehen

- das zerlegte EZ-Datum (Monat in „MEZ", Jahr in „JEZ"). Beide Werte sind jetzt numerisch mit zwei Stellen;
- die Festpreis-Information (in „F");
- die neuen numerischen Felder (Nr. 012, 013, 014).

Die Datei hat nach dem Umbau folgenden Inhalt:

ANR	AUTOTYP----------	HUB	ME	JE	TUV--	KM-----	F	PREIS-	VERK:T	RB
1	Taunus	1.6	10	77	4/84	91000	-	3000	117282	5
2	Granada L	2.3	11	78	11/84	80000	X	5900	334124	10
3	Kadett	1.3	5	77	1/84	120000	X	800	334124	0
4	Granada L	2.3	7	80	7/84	14000	-	13500	984421	0
5	Alpine II	2.0	1	82	1/84	10000	X	18000	117282	3
6	RR Silver Shadow	5.0	7	55	10/85	140000	-	88500	851764	0
7	Alfa Romeo GTV	2.0	5	65	5/85	105000	X	3500	117284	5
8	Granada L	1.8	11	78	11/84	95000	-	7350	411734	5

Die neu angelegten Felder sind nicht mit angezeigt, da sie noch leer sind. Einige Feldnamen in den Überschriften der Tabellenspalten wurden von dBase auf die Spaltenbreite verkürzt („MEZ" auf „ME"), aber natürlich gilt zum Ansprechen des Feldes nach wie vor der *volle* Name.

Wir zeigen Ihnen nachfolgend das Auswerteprogramm, wobei nicht jede Zeile ausführlich erklärt werden soll, da es sich hier ja nicht um ein dBase-Lehrbuch handelt:

```
* PROGRAMM 'Autobestand auswerten'        Name: auswert
* -- Programmlogik -------------------------------------------------------------------
* Setze Provisionskonstanten P1, P2
* überschrift -> gelöschter Bildschirm
* Zerlegen des dBase-Datums (alpha) in num. Teile M1, J1 (Monat, Jahr)
* WIEDERHOLE SOLANGE nicht Dateiende
* !  Errechne Jahresleistung
* !  WENN  Festpreis (F='X')
* !  !  DANN  Provision mit P1
* !  !  SONST Provision mit P2
* !  ENDE
* !  Setze Zeiger auf nächsten Satz
* ENDE
* Drucke überschrift
* Liste der Ergebnisse
* -- Programm ------------------------------------------------------------------------
USE autos1
SET TALK OFF
STORE 1 TO p1
STORE 0.8 TO p2
ERASE
§ 2,10 SAY ' --- Autobestand auswerten ---'
§ 4,10 SAY 'Bezugsdatum ist heute: ' + date()
STORE val($(date(),1,2)) TO M1
STORE val($(date(),7,2)) TO J1
DO WHILE .NOT. EOF
   REPLACE alter WITH (12*(j1-jez)+m1-mez)/12
   REPLACE km:jahr WITH km/alter
   IF f='X'
      REPLACE verk:prov WITH preis*p1/100
   ELSE
      REPLACE verk:prov WITH preis*p2/100
   ENDIF
   SKIP
ENDDO
?
GO TOP
? '  Nr.  Autotyp          M(EZ) J(EZ)     km   Preis F  Alter km/Jahr Verk.Prov'
LIST autotyp,mez,jez,km,preis,f,alter,km:jahr,verk:prov
RETURN
```

Natürlich haben wir uns die (einmalige) Mühe gemacht, die Programmlogik in unserer Planungssprache ausführlich zu dokumentieren, damit wir später bei (mehrmaligen?!) Änderungen sofort wissen, wie das Programm abläuft. Wie gesagt, nicht jeder einzelne Befehl wird für Sie verständlich sein, insbesondere nicht die beiden etwas undurchsichtigen Zeilen „STORE...TO M1“ und „...TO J1“. Das ist eben dBase-Sprache, die mit mehr oder weniger Aufwand erlernbar ist.

Die Ergebnisse sind die gleichen wie die des BASIC-Programms auf S. 112 – bis auf Alter und km-Jahresleistung, weil hier das Bezugsdatum 9/84 war und dort 4/83.

Als Autonummer dient hier einfach die (vom dBase automatisch davorgesetzte) Satznummer – was solange gut geht, wie diese mit der Autonummer identisch ist. Also aufpassen beim Löschen von verkauften Autos!

```
--- Autobestand auswerten ---

Bezugsdatum ist heute: 09/03/84

  Nr.   Autotyp            M(EZ) J(EZ)    km     Preis F  Alter km/Jahr Verk.Prov
00001   Taunus               10   77    91000    3000 -   6.91   13169   24.00
00002   Granada L            11   78    80000    5900 X   5.83   13722   59.00
00003   Kadett                5   77   120000     800 X   7.33   16371    8.00
00004   Granada L             7   80    14000   13500 -   4.16    3365  108.00
00005   Alpine II             1   82    10000   18000 X   2.66    3759  180.00
00006   RR Silver Shadow      7   55   140000   88500 -  29.16    4801  708.00
00007   Alfa Romeo GTV        5   65   105000    3500 X  19.33    5431   35.00
00008   Granada L            11   78    95000    7350 -   5.83   16295   58.80
```

Das war's schon! Aber *was* dürfen Sie auf keinen Fall vergessen? Richtig, das ***Sichern der Programme*** durch Kopieren auf eine andere Diskette. Nehmen Sie doch gleich die, auf der die dazugehörigen Sicherungskopien der *Dateien* stehen. Oder wollen Sie etwa die Programme noch einmal erneut eintippen (oder gar neu ausbrüten, wenn Sie nicht wenigstens eine gedruckte Liste davon haben), falls Ihnen die Kaffeetasse umkippt und der Inhalt sich über Ihre Diskette ergießt?

Nun, war das nicht alles ganz einfach? Oder fanden Sie alles fürchterlich kompliziert?

Die Handhabung der dBase-Befehle und der Dateien auf dem IBM PC ist in der Tat nicht kompliziert und entspricht genau dem, was im „Theorie-Teil" dieses Buches abgehandelt wurde.

Doch vor den Erfolg haben die Götter den Schweiß gesetzt – und wie Sie wissen, liegt der Teufel im Detail.

Das Original-Protokoll, von dem wir (zugegeben!) hier nur die schönen Ausschnitte gezeigt haben, ist in Wirklichkeit voller Patzer, größtenteils hervorgerufen durch (auch von Hard- und Software manchmal leider geförderte) menschliche Unzulänglichkeit und unziemliche Hast. Die Schnelligkeit des Gerätes provoziert zum blinden Ausprobieren. Aber Vorsicht! Ohne Einsatz Ihres Denkapparates stoßen Sie schnell an Ihre Grenzen.

In der guten alten EDV-Zeit war eine Systematik unerläßlich: die Programmierer waren gezwungen, über Korrekturen und Verbesserungen *nachzudenken,* weil die Ergebnisse der Programmlochkarten erst einen Tag später vorlagen. Die 5 Korrekturen, die in einer Arbeitswoche damals maximal möglich waren, finden heute in Minutenschnelle statt und führen oftmals in Gestrüpp.

Interessieren Sie sich für ein paar Widrigkeiten, die uns widerfahren sind?

– Die Umschalt- und die Ctrl-Taste liegen sehr dicht nebeneinander; so wird aus Versehen aus Ctrl-N (*N*eue Zeile einfügen) ein schlichtes Groß-N in der alten Zeile.

- dBase erlaubt im Befehlsmodus kein Einschieben oder Übertippen von Buchstaben[1]). Haben Sie also LUST FOR autotyp = ‚Granada' eingetippt und wollen Ihren Fehler verbessern, nämlich das „U" übertippen, so werden Sie erstaunt sein, wenn die Rücktaste alles Dahinterstehende mit ausradiert. Sie müssen dann alles erneut eingeben.
- Wenn Sie bei einer beabsichtigten Auswertung auf eine neue Datei nur gedanklich umschalten, also vergessen, den USE-Befehl zu geben, so dürfen Sie nicht böse werden, wenn Ihnen der Computer mit „SYNTAX ERROR" oder ähnlich informativen Meldungen antwortet, da er natürlich noch in der *alten* Datei herumirrt und die Feldnamen der *neuen* noch gar nicht kennt.
- Sie glauben gar nicht, *wie* lange 30 Sekunden dauern können, die Druckzeit für einen vollen Bildschirm. Während des Druckens ist nämlich keine Befehlseingabe möglich; dBase wartet mit Ihnen, während es druckt und druckt und druckt.

Wenn man alles im Griff haben will, muß man sich schon in Geduld üben. Wie einfach ist es doch immer in den Do-it-yourself-Büchern und in den Gebrauchsanweisungen, wie kinderleicht sind die Abholmöbel zu montieren. Aber in Wirklichkeit ... na, Sie wissen schon. Trotzdem: mit einem bißchen Schweiß, Talent und auch einiger Mühe steht das Regal dann irgendwann, die verschnittenen Teile werden weggeworfen, der Daumen verbunden, die Flüche und Schimpfwörter sind verraucht, und das Produkt wird voller Stolz vorgezeigt. Genauso ist es uns ergangen, na und ...

[1]) „Geht nicht" bedeutet in der Praxis immer
- geht *wirklich* nicht oder
- der Benutzer weiß nicht, *wie* es geht und findet dieses Problem auch nicht im (oftmals dicken) Handbuch beschrieben und kennt auch keinen, der es weiß. Vielleicht antwortet uns ein dBase-Fachmann zu diesem Problem mit „Es ist doch ganz einfach...".

Nachwort

Die Bedeutung des Computers in unserem Leben.

Sie haben nun die wichtigsten Vorarbeiten zum Einsatz von Computern für Ihre Arbeit kennengelernt, die sich auch auf die „große" Datenverarbeitung in Unternehmen und Behörden übertragen lassen.

Wir möchten Sie jedoch nicht nur über die „richtige" Vorgehensweise informiert haben, sondern Ihnen noch einige Gedanken zur Einordnung des Phänomens „Computer" mit auf den Weg geben.

Computer-Technik, einschließlich der Methoden und Normen für Entwicklung und Einsatz von Hard- und Software, ist heute auf einem ähnlichen Stand wie die Maschinen-Technik um die Jahrhundertwende herum: im Übergang von der Handwerksgesellschaft ins industrielle Zeitalter. Viele (Techniker, Handwerker, Laien) können heute z.B. eine technische Zeichnung lesen, aber (erst) wenige ein Computer-Programm.

Das Informationszeitalter rollt mit aller Gewalt auf uns zu, und es ist nicht mehr aufzuhalten. Ein Anzeichen dafür sind die Computergeschäfte, die wie Pilze aus dem Boden schießen. Ebenfalls lassen Videotext, Bildschirmtext, Kabelfernsehen erahnen, was auf uns zukommt. Es wird Zeit, die Menschen mit den neuen Techniken vertraut zu machen. Andernfalls werden diese Techniken uns ein Heer von Unwissenden, von modernen Analphabeten bescheren. Für die meisten Menschen gibt es z.Zt. nur beschränkte Möglichkeiten, das vermeintlich (oder wirklich?) komplizierte Gebilde „Computer" und seine Anwendungen kennenzulernen.

In diesem Buch haben wir versucht, Ihnen die Vorgehensweise bei der Anwendungsentwicklung und das Prinzip des Computers als ***einfache Sachverhalte*** darzustellen und Sie dabei mit den modernen exakten Entwicklungsmethoden bekannt zu machen.
Die Meinungen über den Computer sind recht unterschiedlich. Viele sagen: „Der Computer ist eine dumme einfache Maschine, die nur 0 und 1 versteht!"
Andere behaupten: „Der Computer kann denken!"*)
Wie kommt das?
Die Auflösung dieses Zwiespaltes ist: durch die ***Kombination*** einer Vielzahl von einfachen Elementen kann ein höchst komplexes Gesamtsystem entstehen. Denken Sie an einen Bausteinkasten mit wenigen einfachen Bausteinen, aus denen Sie Brücken, Häuser, Kräne bauen können. Denken Sie an das Billard-

*) Es gibt sogar ein Wissenschaftsgebiet „Artificial Intelligence" (Künstliche Intelligenz").

Spiel, das einem einfachen Gesetz gehorcht: Aufprallwinkel ist gleich Abprallwinkel. Schon mit drei Kugeln braucht es einen Meister, um voraussagbare Spielfolgen zu erreichen.

Der Computer besteht aus Millionen einfachster Bausteine, ein Programm aus Hunderten einfacher Befehle – ihre Kombination jedoch ist ein ***komplexes Gebilde***. Dadurch werden Möglichkeiten und Gefahren eröffnet, die oft sogar von Fachleuten kaum noch abgeschätzt werden können. Wer hätte gedacht, daß eine „Abfragesprache“ (die Datensätze aufgrund der Kombination von Merkmalen findet) zur „Rasterfahndung“ verwendet werden kann? Wer kann sich vorstellen, daß eine Maschine namens „Computer“ à la Mozart „komponieren“ kann (indem sie Notenfolgen statistisch analysiert und danach ähnliche Folgen produziert)? Wer kann abschätzen, welche Folgen die Erfassung und Auswertung Ihrer privaten Abfragen und Geschäftsvorgänge hat, die Sie über das Computer-Netz „Bildschirmtext“ abwickeln?

Auch hier haben die Technokraten den Betroffenen Entwicklungsentscheidungen aus der Hand genommen. Die „Technologie-Spirale“ dreht sich unaufhaltsam. Wir stehen zwischen „Computer-Analphabetismus“ und „1984“*). Rückzug oder Maschinenstürmerei nützen nichts, bedenkenloses Mitmachen ist gefährlich. Wir (d.h. Staat, Gesellschaft, jeder einzelne) müssen in dieser Entwicklung Stellung beziehen.

Wie bei allen Anwendungen technischer Hilfsmittel sollte jeder, also auch Sie, sich überlegen, welche ***Folgen*** und ***Nebenwirkungen*** deren Gebrauch haben kann. Sogar Wissi, unser „kleiner Fisch“ unter den Computer-Anwendern könnte seine Verkäufer-Datei unter der Frage analysieren: „Welcher Verkäufer bietet die ältesten Autos zum höchsten Preis an?“ – also die „schwarzen Schafe“ unter den Händlern identifizieren, genauer: die, die in seiner Definition „schwarze Schafe“ sind. Vielleicht ist das schon der Ansatzpunkt für unstatthafte, das Datenschutzgesetz verletzende Auswertungen.

Denken Sie also daran: der Computer kann auch Ihnen eine Macht zur Analyse von Daten verleihen, die Sie ohne seinen Einsatz nicht hätten – nutzen Sie diese Macht wie weise und besonnene Machthaber, beachten Sie nicht nur die technischen, sondern auch die moralischen Grenzen.

---

*) Nach einem Roman von G. Orwell ist das der Begriff für die völlige Computerisierung und damit totale Kontrolle des öffentlichen und privaten Lebens.

Sachregister

Das Register enthält Verweise auf Schlagwörter im Text und im Begriffskatalog (Seitenzahlen halbfett). In Klammern sind die EDV-Fachausdrücke gesetzt, die *nur* im Begriffskatalog vorkommen.